Renaître de ses Cendres

RONALD P. FANOU

RENAÎTRE DE SES CENDRES

ECKI Publications

Les passages bibliques utilisés dans ce livre sont extraits de la version Louis Segond 1910, sauf mentions contraires.

Renaître de ses cendres

Pour plus d'informations, veuillez nous contacter aux coordonnées suivantes :

E-mail : contact@uneviedexception.com
Téléphone/WhatsApp : +229 963 573 12/+33 661 636 988
Web site : www.uneviedexception.com

Publié par : **ECKI Publications**

Dépôt légal : 10454 2ème Trimestre 2018

ISBN : 978-99919-76-64-8

Couverture et Mise en page : ECKI Publications

Impression : ECKI Printing

SOMMAIRE

INTRODUCTION

L'expression « Renaître de ses cendres » fait penser, chaque fois qu'elle est employée, au phénix. D'après la mythologie de l'Égypte antique, l'une des particularités de cet oiseau est son incapacité à perpétuer sa race parce qu'il n'existe pas de femelle de son espèce.

Pour assurer la perpétuation de son espèce, il lui fallait, lorsqu'il sentait sa mort prochaine, aller à la recherche d'un haut sommet, éloigné, pour se construire un nid d'herbes aromatiques. Sous l'effet des rayons de soleil, ses plumes prenaient feu, embrasant le nid.

Sa combustion durait trois jours et ne laissait qu'un tas de cendres chaudes. Des cendres de ce bûcher surgissait un nouveau phénix. C'est pourquoi on dit de cet oiseau qu'il renaît de ses cendres. Ce retour à la vie est la définition même de la « Résurrection ». Au vu de ce rapprochement entre les deux expressions, nous pouvons dire « Renaître de ses cendres » ou utiliser le terme « Résurrection » pour dire la même chose. Lorsque nous parlons de résurrection, il s'agit du processus par lequel, avec tout ce qui nous caractérise, nous passons de la vie à la mort et ensuite de la mort à une nouvelle vie. A l'issue de ce parcours, tout ce qui était faiblesse se transforme en force et tout ce qui était force devient encore plus fort.

Ainsi, renaître de ses cendres est un processus au cours duquel nous libérons le meilleur qui est en nous, notre véritable « nous », et laissons en arrière, dans les cendres, tout ce que nous avons de négatif. C'est se dépouiller de ses blessures, fardeaux, infirmités, pour être la personne tant rêvée.

Renaître de ses cendres est une invitation divine qui est adressée à tous les hommes. Dieu a appelé Son peuple, Israël, lorsqu'il était réduit à l'esclavage en Égypte, à renaître de ses cendres en l'invitant à passer par le feu purificateur du désert.

Les écritures[1] nous rapportent que le peuple d'Israël était allé au désert pour adorer Dieu. Adorer, ce n'est pas qu'élever la voix, c'est aussi aller à la rencontre de Dieu comme Israël l'a fait ; c'est s'élever à la hauteur de Dieu, tendre vers la stature du Seigneur, car c'est lorsque nous nous approchons de lui, que nous devenons Son image. Être à l'image de Dieu glorifie Dieu et cela Lui témoigne notre adoration.

« *Ainsi en est-il de la résurrection des morts... Et de même que nous avons porté l'image du terrestre, nous por-*

terons aussi l'image du céleste. »[2] A la résurrection, nous portons l'image de Dieu. Lorsque nous renaissons donc de nos cendres, nous devenons l'image de Dieu.

A la résurrection

« *Ainsi en est-il de la résurrection des morts. Le corps est semé corruptible; il ressuscite incorruptible; il est semé méprisable, il ressuscite glorieux; il est semé infirme, il ressuscite plein de force; il est semé corps animal, il ressuscite corps spirituel. S'il y a un corps animal, il y a aussi un corps spirituel.*

C'est pourquoi il est écrit : Le premier homme, Adam, devint une âme vivante. Le dernier Adam est devenu un esprit vivifiant. Mais ce qui est spirituel n'est pas le premier, c'est ce qui est animal; ce qui est spirituel vient ensuite.

Le premier homme, tiré de la terre, est terrestre ; le second homme est du ciel. Tel est le terrestre, tels sont aussi les terrestres ; et tel est le céleste, tels sont aussi les célestes. »[3]

L'avant et l'après

a) Corruptible - Incorruptible

Une personne corruptible se laisse facilement corrompre par le mal. Elle est dépendante de toutes sortes d'addictions et de vices. A l'issue de sa résurrection, elle pourra devenir incorruptible, c'est-à-dire ferme dans la nouvelle voie qu'elle aurait choisi d'emprunter et être un modèle autour d'elle.

b) Méprisable - Glorieux

Une personne méprisable est définie comme étant quelqu'un qui est digne d'être méprisé, qui mérite le mépris et qui est estimé moralement condamnable. En suivant ce processus de transformation, elle pourra être changée en une personne digne d'honneur, appréciée de son entourage.

c) Infirme - Plein de force

Un infirme est une personne avec un organe ou un membre absent, ou amputé, ou ne fonctionnant pas bien, ou anormal (soit plus petit, soit plus grand qu'un organe normal). Il me parait important de préciser que l'on peut être infirme sans être handicapé.

Votre infirmité constituera un handicap lorsque vous la laisserez-vous limiter ou vous « intimider », c'est-à-dire lorsque vous serez complexé par cela. Lorsque vous renaîtrez de vos cendres, ce ne sera plus vos handicaps qui vous différencieront des hommes, mais vos nouvelles forces, celles qui se cachaient derrière vos handicaps et qui devraient révéler votre unicité.

d) Animal (charnel)- Spirituel

Il s'agit ici des personnes au cœur de pierre, qui ne manifestent pas autour d'elles l'amour, mais plutôt le mal ou toutes formes d'œuvres charnelles. Elles pourront renaître de leurs cendres et révéler l'image de Dieu.

e) Âme vivante - Esprit vivifiant

Être vivant, c'est avoir en son sein la vie. Celle-ci peut ne pas être transmise à d'autres personnes pour des raisons telles que, par exemple, la stérilité. Être vivifiant, c'est avoir en son sein la vie et pouvoir la transmettre. Celui qui est vivant a en lui la vie, mais celui qui est vivifiant est la vie. En renaissant de vos cendres, vous deviendrez une personne qui communique autour d'elle la vie.

Pourquoi renaître de ses cendres ?

Il serait incomplet de parler de la « renaissance » sans parler de la « naissance ». Pour mieux répondre à la question qui est de savoir pourquoi nous devons renaître de nos cendres, il nous faudra donc d'abord parler de notre naissance, du début de notre histoire. C'est ce pourquoi nous ferons un retour en arrière.

Nous n'allons pas commencer à partir de votre date de naissance physique, car ce n'est pas à cette date-là que vous êtes né. Vous êtes né le sixième jour dans le jardin d'Eden. C'est là le début de votre commencement. C'est là que votre histoire a réellement commencé. Ce n'était pas que le début du commencement d'Adam, mais celui de tous les êtres humains. Maintenant, répondons à notre question qui est de savoir pourquoi renaître de ses cendres.

Nous devons renaître de nos cendres :

- **Pour être bénis et féconds**

Lorsqu'il a mangé le fruit défendu, de l'arbre de la connaissance du bien et du mal, l'homme créé à l'image de Dieu s'est dénaturé ; il a perdu l'image de Dieu. Il lui revient à présent de revenir à sa véritable nature. Pour cela, il doit passer par le processus de résurrection ou de renaissance.

Remarquez qu'il est dit : « *Dieu créa l'homme à son image, il le créa à l'image de Dieu, il créa l'homme et la femme. Dieu les bénit, et Dieu leur dit : Soyez féconds, multipliez-vous, remplissez la terre, et assujettissez-la ; et dominez sur les poissons de la mer, sur les oiseaux du ciel, et sur tout animal qui se meut sur la terre.* »[4]

Nous pouvons déduire qu'en redevenant l'image de Dieu, nous sommes bénis. C'est alors que nous devenons féconds, c'est-à-dire que nous portons du fruit. Toute chose étant d'abord spirituelle avant d'être physique, il se fait donc que les premiers fruits que nous devons porter doivent être spirituels. Ils sont appelés « *fruit de l'Esprit* »[5] et nous y retrouvons : l'amour, la joie, la paix, la patience, la bonté, la bénignité, la fidélité, la douceur, la tempérance.

Lorsque le créateur bénissait l'homme, ce dernier était effectivement à son image et possédait les différents éléments du fruit de l'esprit (l'amour, la joie, etc.). Lorsque Dieu lui disait d'être fécond, Il lui demandait en quelque sorte d'être productif à tous égards. Mais aujourd'hui, lorsque Dieu parle de fécondité, Il nous demande de posséder tout d'abord Son caractère et Son image que nous avions perdus. C'est après cela qu'il sera question d'être productif, performant, excellent.

En devenant l'image de Dieu, qui passe par le processus de notre régénération, nous devenons ce que nous sommes appelés à être, et manifestons notre divinité et notre unicité. Nous acquérons par la suite, la capacité pour faire les choses que nous sommes appelés à faire et attirons ces choses après lesquelles nous courons.

Lorsque Jésus a demandé à Pierre de jeter à nouveau le filet dans les eaux, c'était pour faire faire à Pierre et à ses compagnons la plus grande pêche de l'histoire. Voici mon point : La créature a vu en Jésus l'image de Dieu, et elle a accouru vers Lui en entrant dans le filet qu'il a demandé à Pierre de jeter. Vous n'avez donc pas besoin de courir ou de vous épuiser pour avoir les choses de ce monde ; cherchez juste à devenir une meilleure personne et ces choses du monde vous courront après.

Être fécond, c'est pouvoir donner la vie, c'est pouvoir créer. Dieu créa l'homme et voulut que l'homme aussi crée, c'est pourquoi Il lui demande d'être fécond. L'homme est appelé à créer les choses à son image, selon sa marque, comme Dieu l'a fait en créant l'homme à Son image ; mais l'homme passe à côté de cela parce qu'il reproduit ce qu'il n'est pas. Du fait de s'être dénaturé, d'avoir perdu sa véritable nature pour avoir mangé le fruit de l'arbre de la connaissance du bien et du mal, l'homme reproduit les choses selon cette nouvelle nature qu'il a héritée de sa désobéissance et qui n'est pas l'originale. Il me parait important à ce niveau de clarifier le sens du mot « créer » que j'ai employé plus haut. En fait, seul Dieu crée. L'homme ne crée rien mais copie ce que Dieu a créé, il reproduit ce que Dieu a produit.

Il amène à manifestation dans le monde visible les choses que Dieu a créées et déposées dans le monde invisible, dans son esprit. Au sens propre du terme, « créer » devrait être employé pour les choses qui n'existent pas. C'est Dieu qui crée les choses qui n'existent pas. Ces choses (qui sont de nature bonne) qui sont présentes dans notre esprit, et que nous nous appliquons à réaliser dans le monde physique ou visible, ne sont pas le fruit de notre imagination mais c'est Dieu qui les a créées.

L'une des causes d'échec et de perte de temps chez l'homme est le fait qu'il veut reproduire ce que Dieu n'a pas produit. Jésus l'a compris durant son passage terrestre. *Il dit : « En vérité, en vérité, je vous le dis, le Fils ne peut rien faire de lui-même, il ne fait que ce qu'il voit faire au Père; et tout ce que le Père fait, le Fils aussi le fait pareillement. »*[6]

Si nous rapportons ce texte à nous, nous dirons que nous ne pouvons rien faire de nous-mêmes. Rien ! En effet, nous pouvons faire de nous-mêmes des choses mais ces choses-là seront qualifiées par Dieu d'inutiles. Aux yeux des hommes, elles pourraient être acclamées mais devant Dieu, elles n'auraient aucune valeur. Ce qui revient à vivre une vie d'échecs qui, à première vue, était faite de victoires et de réalisations.

- **Pour multiplier et remplir**

Multiplier, c'est développer ce qu'on a produit ou reproduit ; c'est faire faire ; c'est par exemple lorsque vos enfants donnent vie à d'autres enfants. Tant que c'est vous qui produisez, on dira simplement que vous êtes fécond. Vous vous multipliez lorsque vous mettez votre huile, ce qui est à vous, dans ce qui est à autrui, dans d'autres vases.

Pour vous multiplier, vous devriez avoir des relations fructueuses avec les gens, notamment avec les bonnes personnes. Tant que l'homme ne sera pas à l'image de Dieu, il ne pourra pas être productif. S'il n'est personnellement pas productif, aucune de ses relations ne pourra être productive durablement. Il pourra avoir de mauvaises compagnies sur une très longue durée, ou même être en relation avec de bonnes personnes, mais cela ne durera qu'un temps.

La multiplication est un niveau de prospérité plus évolué que la fécondité, qui elle se limite à soi, à ses besoins propres. C'est à ce stade de développement personnel que l'on peut répondre aux besoins de sa communauté. Remplir la terre, c'est avoir un niveau de croissance très élevé, où l'on conquiert les territoires qui nous sont réservés, où l'on s'étend au maximum, maximisant les opportunités. C'est aussi connaître sa vision et les différents territoires où la réaliser. C'est assurer sa réussite et aussi celle de sa progéniture.

- **Pour dominer**

Dominer, c'est être leader, c'est régner, c'est ne plus subir les problèmes, mais créer et être la solution. C'est avoir et exercer le pouvoir. C'est avoir la maîtrise de soi. C'est un stade de glorification très élevé où l'homme n'a plus à se glorifier lui-même, mais est glorifié par les autres. Lorsqu'on ne renaît pas de ses cendres, on a tendance à dominer les gens au lieu de se contenter de les influencer, de les inspirer.

Nous aborderons chacun des éléments qui définissent la personne humaine à savoir : les pensées, en expliquant le mécanisme par lequel les pensées sont créées, et comment les changer ; la parole, en montrant comment apporter de la consistance à vos paroles ; les sentiments, en identifiant et en traitant les mauvais sentiments, en développant les bons sentiments; les valeurs, en découvrant vos valeurs et les moyens par lesquels leur donner plus de valeur.

Il en sera de même pour les croyances, en comprenant comment elles sont constituées et en apprenant à distinguer les mauvaises croyances des bonnes et comment les renforcer ; le caractère, en identifiant vos défauts et vos qualités, en transformant les défauts en force et en développant les qualités et, pour finir, l'esprit, en parlant de son processus de régénération.

CHAPITRE 1

GAGNER LE COMBAT DES PENSÉES

Changez ce que vous écoutez

Chaque parole que vous entendez est porteuse d'une semence qui est la pensée qu'elle véhicule, et l'esprit de la personne qui l'a prononcée. Toute semence étant appelée à porter du fruit, il s'en suit que lorsque la parole prononcée est acceptée, la pensée qu'elle contient s'installe et étend ses racines dans le champ du cœur qui la reçoit. Elle y grandit pour donner des fruits ou des pensées de même nature qu'elle.

Aussi, l'auteur de cette parole continue-t-il par l'esprit dont il est porteur et qui est greffé à sa parole à vous parler même pendant votre sommeil ! C'est alors que vous pouvez le voir dans vos rêves, dans lesquels vous percevez en images ce qu'il continue de vous dire. A force donc d'entendre et d'accepter une parole, il se crée entre la pensée qu'elle transmet et votre cœur une union, un mariage après lequel les deux font un. Selon le dicton « Qui se ressemblent s'assemblent », la voix de cette parole, avec laquelle votre cœur s'est assemblé, deviendra identique à la voix de votre cœur.

Au départ, lorsque cette voix vous parle intérieurement, vous entendez celui à qui elle appartient, puis après, elle vous parle et vous entendez votre propre voix.

Les pensées ne s'expriment pas tout le temps en nous avec une voix ou des images. Parfois sans voix, elles nous parlent en silence sans que nous les entendions et, ainsi, s'entretiennent avec notre subconscient pour déterminer par la suite nos actions et réactions.

En lisant tout ceci, vous seriez peut-être en train de réaliser l'ampleur et l'impact de tout ce que vous avez entendu jusque-là dans votre vie, et ce avec quoi vous avez fait alliance. La bonne nouvelle est que vous pouvez vous défaire de ces alliances qui, comme dans un mariage lorsqu'il y a adultère, se trouveront brisées. Lorsque vous acceptez donc une parole contraire à celle qui vous lie déjà, vous apportez ainsi de quoi faire rompre ce lien.

Je vais illustrer tout ceci par cet exemple :

« C'est l'histoire de Monsieur Alex et de sa femme Prunelle. Il s'est mis en colère un jour contre elle et lui a dit : "tu es égoïste !" Elle a encaissé cette parole avec beaucoup de chagrin, et celle-ci a commencé à tourner en boucle dans sa tête ; et elle entendait à plusieurs reprises la voix de son mari disant : "tu es égoïste....tu es égoïste". Puis, elle s'est dit en elle-même : "si Alex affirme que je suis égoïste, c'est qu'il trouve peut-être que je suis aussi matérialiste, pingre, etc.".

Prunelle s'est alors représenté ces nouvelles expressions à l'esprit et entendait donc une voix qui était celle de son mari lui disant : "tu es matérialiste, pingre". Elle commença aussi à faire des rêves dans lesquels elle voyait son mari continuer à la traiter ainsi. Peu de temps après, la voix de son mari qui lui chuchotait dans ses pensées qu'elle est égoïste, matérialiste se changea en sa propre voix et elle se mit à s'entendre dire intérieurement : "tu es égoïste, matérialiste, pingre".

Ce n'est juste qu'un exemple, et je profite de l'occasion pour dire mon soutien à tous ces couples qui passent par des périodes de turbulences. Puisse cet ouvrage vous apporter les éléments nécessaires pour relever votre couple.

Lorsque cette pensée loge dans votre cœur, vous n'êtes plus seul. Ainsi, vous devenez son colocataire. Elle cherchera ensuite à séduire votre cœur pour se l'approprier. Au début de son entrée dans votre cœur, elle se sait vulnérable parce que n'ayant pas encore pris le temps de grandir.

C'est ce qu'elle tentera de faire discrètement, jusqu'au moment où elle se sentira prête à vous ravir votre cœur. Cela me rappelle la guerre que se livrent entre elles des coépouses. Pour capter l'attention de l'époux et le faire agir, l'une des épouses dira à l'autre de se taire pour qu'elle puisse parler. Mais ici, cette pensée ne demande pas votre permission pour s'exprimer. Elle vous fait taire seulement, vous mettant alors hors-circuit, parce qu'elle a du mal à vivre et à s'exprimer lorsque vous vous exprimez déjà.

C'est pourquoi à votre insu, elle vous met dans un état d'inconscience pour ne pas seulement parler avec votre cœur, mais également parler contre vous et ainsi détruire les choses qui vous sont chères et auxquelles votre cœur était attaché. Dans le cas des coépouses, les enfants font partie de ces choses qui servent à gagner le cœur de l'époux. Et lorsque l'une d'elle est stérile, elle peut chercher à nuire à l'enfant de l'autre ou à se l'approprier.

C'est ce qu'une femme a tenté de faire dans l'histoire que voici : « *Alors deux femmes prostituées vinrent chez le roi, et se présentèrent devant lui. L'une des femmes dit : "Mon seigneur, cette femme et moi demeurions dans la même maison, et j'ai accouché près d'elle dans la maison.*

Trois jours après, cette femme a aussi accouché. Nous habitions ensemble, aucun étranger n'était avec nous dans la maison, il n'y avait que nous deux. Le fils de cette femme est mort pendant la nuit, parce qu'elle s'était couchée sur lui. Elle s'est levée au milieu de la nuit, elle a pris mon fils à mes côtés tandis que ta servante dormait, et elle l'a couché dans son sein; et son fils qui était mort, elle l'a couché dans mon sein. Le matin, je me suis levée pour allaiter mon fils; et voici, il était mort. Je l'ai regardé attentivement le matin;

et voici, ce n'était pas mon fils que j'avais enfanté. " L'autre femme dit : "Au contraire! C'est mon fils qui est vivant, et c'est ton fils qui est mort." Mais la première répliqua : "Nullement! C'est ton fils qui est mort, et c'est mon fils qui est vivant. " C'est ainsi qu'elles parlèrent devant le roi. Le roi dit : "L'une dit : C'est mon fils qui est vivant, et c'est ton fils qui est mort; et l'autre dit : Nullement !

C'est ton fils qui est mort, et c'est mon fils qui est vivant. "Puis il ajouta : "Apportez-moi une épée." On apporta une épée devant le roi. Et le roi dit : "Coupez en deux l'enfant qui vit, et donnez-en la moitié à l'une et la moitié à l'autre." Alors la femme dont le fils était vivant sentit ses entrailles s'émouvoir pour son fils, et elle dit au roi : "Ah! Mon seigneur, donnez-lui l'enfant qui vit, et ne le faites point mourir. " Mais l'autre dit : "Il ne sera ni à moi ni à toi; coupez-le!" Et le roi, prenant la parole, dit : "Donnez à la première l'enfant qui vit, et ne le faites point mourir. C'est elle qui est sa mère. " »[1]

Lorsque votre vraie nature reprendra conscience, elle s'étonnera de voir les gens changer de comportement à son égard. Quand c'est le cas, on se dépêche de dire que les gens sont bizarres, méchants, alors que c'est cette double nature dont on n'est pas toujours conscient qui œuvre contre nous. Il y a par exemple des gens qui volent sans en être conscients et c'est au moment où on les surprend la main dans le sac qu'ils se demandent ce qui leur a pris.

Prenez le temps de bien choisir les gens que vous écoutez régulièrement. Dans votre environnement, liez-vous d'amitié avec les personnes rayonnantes et positives de par leurs actes. De nos jours, les gens sont tellement intéressés qu'ils ne se lient à d'autres que pour obtenir des gains matériels, des cadeaux, etc. Et c'est alors qu'ils sont pris à leur propre piège car ces cadeaux sont le plus souvent un appât qui leur est tendu pour les maintenir dans de mauvaises pensées ou paroles. Nous sommes tant intéressés par le gain matériel que nous oublions que ce que nous entendons les gens prononcer peut aussi être un gain.

Des entreprises investissent dans la publicité des millions de francs pour que vous ayez juste certaines pensées en vous. Comprenez donc que le coût d'une pensée en vous est énorme et que son impact sur votre personnalité et votre vie est incommensurable.

Alors n'ayez pas froid aux yeux quand il est question de changer ou de quitter votre environnement, au cas où il ne serait pas productif pour votre esprit, ou même de stopper poliment quelqu'un qui raconte n'importe quoi dans vos oreilles. Vos oreilles ne sont pas une poubelle.

Quand malgré les dispositions prises, vous vous surprenez à écouter des mauvaises paroles, sachez que vous pouvez les entendre sans les écouter. Vous pouvez aussi faire le mauvais interprète en traduisant ou en rapportant à votre esprit, à vos pensées, le contraire de ces paroles. Si quelqu'un vous dit par exemple que vous n'êtes pas capable de faire quelque chose, pendant qu'il vous le dit, voyez-vous en train de faire cette chose. Cette technique crée l'effet d'une dissonance qui servira à désamorcer la bombe qui se trouve dans ce que vous avez entendu. Le cerveau de l'homme est très créatif. Il transforme en images ce qu'il entend et va plus loin en faisant tout un film. Cette voix que vous entendez dans votre esprit est nourrie par des paroles similaires que vous entendez et aussi par le développement, la méditation personnelle que vous en faites.

Changez ce que vous voyez

Il est peut-être temps de rénover votre environnement immédiat à savoir : votre chambre, maison, lieu de travail, etc. Pour cela, identifiez les éléments qui ne vous édifient pas et enlevez-les ou remplacez-les par ce qui vous challenge l'esprit. Gardez à l'esprit que tout ce qui ne vous construit pas peut vous détruire. Vous devez changer, agrandir, ajuster votre environnement immédiat selon les différents changements qui s'opèrent dans votre vie ou même avant que les changements que vous voulez voir dans votre vie ne se produisent, car il faut toujours préparer les conditions d'une chose avant de la recevoir.

Imaginez un lionceau, en pleine phase de croissance, qui continue à habiter dans la petite case qui lui servait de toit. Cela va le frustrer, l'abêtir et retarder sa croissance. La même chose se passe lorsque vous grandissez et que votre environnement demeure le même.

Vous pouvez aussi mettre en lumière, en couleur, ou ranger de sorte à rendre visible dans votre environnement les éléments qui vous challengent l'esprit ou qui tout simplement vous font du bien. Cela peut être une image illustrative de votre vision, vos rêves, votre passé, etc. Cela me rappelle les propos du prédicateur Teddy NGBANDA. Il dit ceci : « Ne perdez jamais de vue d'où vous venez et ce que vous avez traversé. Prenez des photos de vous dans la galère, lorsque vous êtes sans toit ou que vous portez des vêtements usés. Une fois que vous aurez passé cette étape, ce souvenir immortalisé vous remplira de gratitude envers Dieu et de confiance en l'avenir et face aux nouvelles difficultés. »

Je vous convie aussi à mettre de l'ordre dans les films et séries que vous suivez. J'ai dernièrement suivi une série dont je tairai le nom et qui m'a tellement dépité. J'y voyais un agent des services secrets qui était chargé d'enquêter sur un suspect, soupçonné d'être de connivence avec des groupes terroristes, coucher avec celui-ci !

Cela m'a tellement offusqué que j'en suis venu à prendre la décision de faire mes enquêtes sur un film, sur son contenu avant de le regarder. Je vous convie à pratiquer ce même exercice, qui consiste à prendre connaissance du synopsis du film, à survoler le film pour en avoir une idée du contenu, des valeurs qui y sont développées afin de décider si vous allez le suivre ou non.

Quand malgré ces dispositions, vous tombez soudainement sur des choses qui ne sont pas agréables à la vue, faites comme la tortue qui, devant un danger, cache sa tête dans sa carapace. Refugiez-vous dans vos pensées, dans votre monde intérieur. Vous pouvez les voir sans les regarder.

Quand elles sont là et que vous les regardez, elles développent de mauvaises pensées en vous. A l'inverse, quand les mauvaises pensées vous assaillent de l'intérieur, sortez de votre carapace et regardez à l'extérieur. Plus vous êtes porté vers le monde intérieur, moins vous êtes conscient du monde extérieur qui est autour de vous. Plus vous êtes conscient des choses autour de vous, moins vous entendez le son de vos pensées. Chacun de ces deux mondes émet un son. C'est comme un poste récepteur dans une chambre. Plus vous êtes proche de la chambre et plus fort vous l'entendez. Plus loin vous êtes de la chambre et moins fort vous l'entendez. Allez prochainement selon le besoin aux extrémités de l'un de ces deux mondes pour ne pas subir l'influence de l'autre.

Entre deux pensées, la première vous faisant penser à une chose et la seconde à deux choses, à part leur degré d'intérêt pour vous, la plus forte sera celle qui génèrera en vous le plus d'idées. Si vous voulez donc taire ou changer une pensée, pensez à quelque chose de plus important ou d'intéressant pour vous et à partir duquel vous penserez à plusieurs autres choses y afférentes.

Révolutionnez les pensées que vous avez de vous-même

« Ce qu'un homme pense de lui-même détermine, ou plutôt lui désigne son destin », a dit Marc TWAIN.

Mentionnez sur une feuille ce que vous pensez être (et que vous n'avez pas encore démontré), ce que vous êtes réellement (que vous manifestez déjà), et ce que vous voulez être (et que vous n'êtes pas encore). Je veux ouvrir ici une nouvelle parenthèse, en ce qui concerne ce que nous voulons être. J'avais un cahier de succès dans lequel j'avais écrit ces choses que je voudrais devenir. J'y avais inscrit que je deviendrais écrivain; plus précisément un romancier. J'avais participé à un camp où j'avais tenté tellement d'aventures intéressantes que j'ai voulu les transcrire sous forme de roman ; je l'ai entamé, mais je n'ai pas pu atteindre la fin.

J'ai réalisé par la suite, pendant que j'apprenais à me connaître, que je n'étais pas fait pour être un romancier. Mais la vérité est que je n'étais pas loin de ce que j'avais écrit car aujourd'hui, je suis auteur-éditeur. Je vous le raconte pour vous rassurer que ce que vous deviendrez n'est pas loin de ce que vous aspirez à être. Vous êtes sur la bonne voie !

Quelles sont les raisons pour lesquelles vous pensez être, ou voulez devenir cette personne ? Pour répondre à cette question, vous allez devoir vous consacrer le temps nécessaire pour faire une réelle introspection. Renforcez ce que vous pensez être en recherchant des faits dont vous n'avez pas conscience et qui en effet confirment la présence de ce trait en vous. Si par exemple vous pensez être une bonne personne, rappelez-vous ces différentes fois où vous avez fait preuve de bonté.

L'esprit ou le cerveau de l'homme ne garde pas les choses floues, celles dont il n'est pas convaincu. Cette confirmation va donc créer en vous la conviction de la présence effective de ce trait. A son tour, cette conviction crée en retour la pleine conscience de ce trait en vous. Nous agissons souvent plus consciemment qu'inconsciemment. Ainsi, vous agirez selon ce que vous avez en conscience et dont vous vous êtes convaincu. De cette manière, vous allez donner du pouvoir à cette qualité que vous voulez voir décupler en vous. Lorsque vous prenez conscience de l'existence de quelque chose, vous développez votre confiance en cette chose.

Pour ce que vous pensez être et qui ne vous plaît pas, dites-vous que si cela ne vous plaît pas, c'est parce que votre nature lui est contraire. C'est que vous n'êtes pas réellement cette chose. Comprenez donc qu'il faudrait du temps pour que cela disparaisse de vos pensées et de votre comportement.

Lorsque vous prenez conscience de l'illégalité de quelque chose, vous êtes conscient du fait que cela disparaîtra et vous lui accordez moins d'attention. Vous y penserez alors moins. Vous pouvez aussi énumérer les multiples raisons pour lesquelles vous pensez que cette pensée ne vous correspond pas; c'est-à-dire recenser les différentes fois où vous avez agi contrairement à cela. Par exemple, s'il vous est arrivé de penser que vous êtes lâche, rappelez-vous les différentes fois où vous avez fait preuve de bravoure.

En ce qui concerne ce que vous voulez devenir, comprenez que ce désir, cette aspiration, vient de votre réelle nature. C'est parce que vous l'êtes réellement au fond de vous que vous aspirez à le devenir et à le manifester. Demandez-vous ensuite comment vous pouvez le devenir. Si vous voulez par exemple devenir une personne compétente, travaillez-plus, réfléchissez plus à votre travail, rapprochez-vous des devanciers pour les servir et apprendre d'eux, faites-vous former dans le domaine. En prenant ainsi le temps de changer ce que vous êtes, ce que vous pensez de vous changera.

Identifiez les pensées secrètes qui trottent dans votre tête et qui résultent de vos expériences passées et confessez-les d'un cœur sincère à un ami fidèle ou à une personne de confiance, pour avoir la paix dans vos pensées. Tout ce qui est caché perd de sa force lorsqu'il est identifié et exposé à la lumière de la vérité.

Disciplinez vos pensées en choisissant d'avance les sujets sur lesquels vous voulez penser

Il s'agit de donner du travail à vos pensées car en étant oisives, elles prennent une nature pernicieuse et vicieuse. Vous pouvez décider de penser à votre futur en le voyant de jour en jour avec plus de précision. Ce qui revient à rêver au lieu d'être éveillé et faire des cauchemars en pensant aux mauvaises choses.

C'est au moment où il est distrait que le cerveau de l'homme pense à plusieurs choses à la fois. Au moment du travail, alors qu'il est vraiment impliqué et non passif, l'esprit de l'homme pense à tout ce qui se rapporte à son travail. C'est pourquoi vous devez vous impliquer dans tout ce que vous faites (qu'il s'agisse d'un travail ou non), car la non implication crée le manque de concentration ; ce qui fait penser à un conducteur distrait qui roule çà et là.

Si vous voulez vous amuser, veillez à ce que le jeu vous intéresse car cela requiert, pour être bien joué, toute votre attention et donc votre implication totale. Évitez donc ce qui vous met en état de passivité. Amusez-vous, mais ne vous distrayez pas. Donnez de la direction à vos pensées en vous fixant un objectif avec un délai : quand vous vous fixez un objectif avec un délai, votre cerveau devient sélectif en ne pensant essentiellement qu'à ce qui se rapporte à l'objectif. Il a même du mal à penser aux obstacles et menaces liés à l'objectif. Il ne pense surtout qu'à l'objectif, à sa réalisation.

Arrêtez d'alimenter les mauvaises pensées

Arrêtez de nourrir les mauvaises pensées en évitant de faire le choix d'y penser délibérément ou en posant de mauvaises actions de manière intentionnelle. Pour toute action à poser, on réfléchit (ou pense) au moins deux fois. C'est-à-dire que pour faire quelque chose, il faut au préalable y avoir pensé et réfléchir à cela pendant que vous l'accomplissez. Ainsi, vous développez en vous la force des pensées lorsque vous y pensez volontairement et aussi quand des actes volontaires les suivent.

Pendant que vous interrompez le fil de vos mauvaises pensées, celles-ci perdent de leurs forces. C'est ce même principe qui fait que l'on demande à ne pas être coupé pendant qu'on parle parce qu'en le faisant, le cours de nos pensées s'interrompt. Lorsque vous vous surprenez à avoir de mauvaises pensées, stoppez-les donc en pensant à des pensées opposées.

« *Que tout ce qui est vrai, tout ce qui est honorable, tout ce qui est juste, tout ce qui est pur, tout ce qui est aimable, tout ce qui mérite l'approbation, ce qui est vertueux et digne de louange, soit l'objet de vos pensées.* »[2]

CHAPITRE 2

RÉVOLUTIONNER SES PAROLES

Les pensées d'un homme façonnent sa personnalité et donc toute sa vie. La parole quant à elle, est la conséquence de la pensée, dans sa forme la plus active. Si vous voulez connaître quelqu'un et les pensées qu'il nourrit, faites juste attention à ses paroles. Elles vous indiqueront la nature de ses pensées. Ce qui distingue un pays d'un autre, le riche du pauvre, c'est le mode de pensée.

Vos paroles affectent la qualité de vos relations

La communication est un des éléments les plus déterminants dans la relation entre les hommes.

L'exemple de la tour de Babel l'illustre parfaitement : « *Toute la terre avait une seule langue et les mêmes mots.*

Comme ils étaient partis de l'orient, ils trouvèrent une plaine au pays de Schinear, et ils y habitèrent. Ils se dirent l'un à l'autre : Allons! Faisons des briques, et cuisons-les au feu. Et la brique leur servit de pierre, et le bitume leur servit de ciment. Ils dirent encore : Allons! Bâtissons-nous une ville et une tour dont le sommet touche au ciel, et faisons-nous un nom, afin que nous ne soyons pas dispersés sur la face de toute la terre. L'Éternel descendit pour voir la ville et la tour que bâtissaient les fils des hommes. Et l'Éternel dit : Voici, ils forment un seul peuple et ont tous une même langue, et c'est là ce qu'ils ont entrepris; maintenant rien ne les empêcherait de faire tout ce qu'ils auraient projeté. Allons! Descendons, et là confondons leur langage, afin qu'ils n'entendent plus la langue, les uns des autres. Et l'Éternel les dispersa loin de là sur la face de toute la terre; et ils cessèrent de bâtir la ville. C'est pourquoi on l'appela du nom de Babel, car c'est là que l'Éternel confondit le langage de toute la terre, et c'est de là que l'Éternel les dispersa sur la face de toute la terre. »[1]

Vos paroles peuvent détruire ce que vous avez construit durant toute votre vie. Si vous voulez améliorer vos rapports avec les hommes, il vous sera judicieux de commencer à travailler sur les paroles que vous prononcez.

Vos paroles déterminent l'orientation de votre vie

Avez-vous déjà entendu parler du mors ? C'est une pièce le plus souvent métallique qui est placée dans la bouche du cheval pour aider son cavalier à le diriger. En contrôlant la bouche du cheval grâce au mors, on peut en déterminer la direction. Nous pouvons comprendre de cela qu'il y a une forte corrélation entre la voix qui est la parole et la voie en tant que destinée.

Vous créez votre monde par la qualité des paroles que vous prononcez. Autrement dit, vos paroles sont des matériaux par lesquels vous créez votre vie. Il est dit à ce sujet que : « *Toutes choses ont été faites par la parole et rien de ce qui a été fait n'a été fait sans elle.* »[2]

Réfléchissez avant de parler

« *La parole est près de toi, dans ta bouche et dans ton cœur.* »[3]

Les connaissances que nous acquérons au jour le jour descendent dans les profondeurs de notre cœur au fil du temps. Lorsque nous ne les sollicitons pas, elles y restent englouties. La réflexion sert à les ramener en surface par le lien de l'interconnexion qui existe entre le cerveau et le cœur. En réfléchissant avant de parler, vous intégrez à vos propos toutes vos expériences passées.

Réfléchir avant de parler nous épargne de dire des bêtises. Lorsque vous prenez le risque d'écrire directement lors d'un examen sur votre copie, vous vous verrez faire des fautes, hachurer certaines expressions qui ne traduisent pas au mieux ce que vous voulez dire. C'est pourquoi nous devons d'abord écrire ou parler sur nos brouillons, cachés en nous, là où personne n'a accès. Vous devez d'abord vous répéter à vous-même ce que vous voulez dire aux gens et vous assurer que cela vous convienne avant de le prononcer.

Après avoir réfléchi, parlez sans trop cogiter

« *La parole est près de toi, dans ta bouche et dans ton cœur.* »[4]

A la surface de votre cœur, ou dans votre mémoire, se trouvent des connaissances que vous exploitez au jour le jour, que vous maîtrisez et pour lesquelles vous n'avez pas besoin de réfléchir. Aussi, est-il que vous retrouvez dans cette même surface des choses que vous ne connaissiez même pas auparavant et dont vous prenez connaissance pendant que vous parlez.

La langue étant le premier organe de l'homme à avoir été en contact étroit avec le fruit défendu, de l'arbre de la connaissance du bien et du mal, l'on peut aisément déduire qu'il y a des connaissances sur nos langues dont nous ne sommes pas conscients. Cela peut expliquer pourquoi les gens bavards ont toujours des choses à dire. A force de parler, ils sollicitent constamment les connaissances qui sont sur leur langue.

Les personnes qui réfléchissent trop rencontrent souvent un problème : elles sont limitées par leurs expériences, leurs savoirs. Quant aux personnes bavardes, elles font certes beaucoup d'erreurs, mais c'est d'elles que viennent plus vite les meilleures idées. Il serait donc sage d'apprendre à manier ces deux armes en apprenant à réfléchir à l'avance sur les choses que vous voulez dire et à vous épargner de trop de réflexions pendant que vous les dites. Vous ne serez pas évalué sur votre brouillon, mais sur votre feuille d'examen. Alors, ne passez pas toute votre vie sur votre brouillon. Prenez le risque de ne pas être parfait, car plus vous paraissez parfait, moins vous êtes profond.

Identifiez-vous à vos héros pendant que vous parlez

Quand je dis héros, je ne suis pas en train de faire allusion aux acteurs de films, mais à ceux-là qui vous inspirent dans leur manière d'être et de faire. Napoleon HILL décrit dans son ouvrage : « *Réfléchissez et devenez riche* », le principe des conseillers invisibles. Cela stipule que vous réunissez de manière imaginaire à votre table les personnes qui vous inspirent et que vous les interrogez pour avoir leurs avis sur des sujets précis.

Cela marche à condition de bien les connaître. Plus vous passez du temps en leur présence, plus vous saurez ce qu'ils peuvent penser sur un sujet donné. De la même manière, pendant que vous parlez, identifiez-vous à ces derniers et vous vous surprendrez à avoir le même langage qu'eux.

Elargissez votre champ de connaissance

Étendez vos limites en profitant des expériences, des connaissances des autres. Les livres vous aident à cela. Plus vous savez, plus profond vous deviendrez. En lisant fréquemment un auteur, savez-vous que vous pouvez acquérir son mode de pensée et penser comme lui ?

Recherchez la vérité plutôt que de défendre votre point de vue

Dans différents points de vue se trouvent presque toujours des points communs. Cependant, nous ne les remarquons pas parce que, ce que nous recherchons, c'est plutôt de défendre notre position ou maintenir l'ordre naturel des choses (en voulant préserver la tradition) au lieu de rechercher la vérité.

La communication est un échange non pas de mots ou d'expressions mais d'idées ; ce qui nécessite de découvrir et d'accepter les vérités qui se trouvent en ce que chacun dit et qui peuvent déjà être les points communs de nos dires. Lorsque les propos de l'interlocuteur ne traduisent pas fidèlement la vérité qu'il veut exprimer, aidez-le à mieux la formuler et ensuite acceptez-là pour qu'il y ait échange.

Lorsque par exemple vous échangez avec un terroriste qui vous dit qu'il est bien de mourir et de faire mourir des gens pour une raison donnée, ne vous hâtez pas de lui démontrer qu'il a tort. Mais il faudrait d'abord lui dire que vous êtes d'accord avec lui pour le fait qu'il soit prêt à mourir pour ses propres convictions. En effet, c'est ça la loyauté envers soi ; et faire peu de cas de sa vie, c'est avoir le sens du sacrifice. Quand vous lui faites remarquer cela, il baisse ses gardes et c'est alors que votre imagination se libère, parce qu'on est moins inspiré lorsque nous devons aller contre les idées de quelqu'un. C'est lorsque vous l'avez remarqué qu'il pourra aussi vous écouter et accepter votre point de vue.

Soyez ouvert ! Prenez donc la part de vérité qui ressort de ce que dit votre interlocuteur et ajoutez-là à votre point de vue pour en exprimer une vérité nouvelle.

Écoutez votre interlocuteur pendant qu'il parle ; car c'est en écoutant les autres que notre cœur est plus prompt à parler et à révéler les vérités enfouies dans ses profondeurs où se trouvent richesse et sagesse. Il se peut que vous ayez toujours à la fin de vos échanges des points de vue différents. Toutefois, sachez que ces points de vue divergents sont moins importants à ce moment-là que les points de vue communs que vous avez relevés.

Un jour, alors que je suivais un cours en marketing, le professeur nous a fait part de la méthode du brainstorming qui est la collecte d'informations dans une entreprise. Il a noté qu'il en existe deux types : le brainstorming solo et le brainstorming collectif. Le brainstorming solo est cette technique de collecte d'informations qu'on fait à partir de chez soi, en fonction de tout ce qu'on a pu observer et de la documentation qui nous est disponible.

Le brainstorming collectif est cette méthode qui consiste à réunir autour d'une table les membres de l'entreprise et de recueillir de chacun d'eux, des informations sur un sujet donné. Le professeur nous rapportait que selon un spécialiste en la matière, on devrait se pencher beaucoup plus sur le brainstorming solo, qui s'avère être plus rapide et économique pour les entreprises que sur le brainstorming collectif. J'ai proposé au lieu que l'on élimine l'un au détriment de l'autre, on les mette tous deux ensemble. Autrement dit, j'ai recommandé de constituer un conseil d'administration imaginaire. Ce dernier consiste à se représenter en esprit chacun des membres de l'entreprise, assis autour d'une table ronde et de les questionner pour avoir leur avis.

Voyez-vous, j'ai trouvé le point commun entre ces deux méthodes et j'ai proposé une solution sur la base de ce point commun. Je ne dis pas que ma proposition est pratique ou qu'elle est la meilleure dans le cas d'espèce. Je pense plutôt qu'avec quelques ajustements, cette méthode serait d'une grande efficacité.

Pour atteindre les sommets d'une vérité, il faut comme pour la tour de Babel prendre en considération et mettre ensemble les différentes perceptions venant de différentes personnes. C'est ainsi qu'on obtient des vérités solides et éprouvées.

CHAPITRE 3

INITIATION AU BONHEUR

Soyez reconnaissant

Être reconnaissant éloigne de vous les mauvais sentiments tels que l'inquiétude. Je vous convie à faire le point de tout ce que vous avez reçu de la vie et vous verrez combien vous êtes riche.

« Un homme âgé de soixante-dix ans a été affecté par une maladie qui l'a rendu incapable d'uriner. Son médecin lui a dit qu'il a besoin de recourir à une opération pour guérir de la maladie. Il a accepté de faire l'opération étant donné qu'il souffrait de douleurs sévères depuis des jours.

Une fois l'opération terminée, le médecin lui a donné un bordereau de paiement qui couvrait tous les coûts de l'opération. Après avoir examiné le bordereau, le patient s'est mis à pleurer. En voyant cela, le médecin lui dit : " Si vous estimez que le coût est trop élevé, nous pourrions faire d'autres arrangements pour vous. " Le vieil homme lui répondit : " Je ne pleure pas à cause de l'argent, mais parce que Dieu m'a laissé uriner pendant 70 ans sans jamais m'envoyer de bordereau de paiement. " »

L'argent est la plus petite des dimensions de la richesse. La plus grande est d'avoir les choses qui surpassent l'argent et que celui-ci ne peut acheter. Je vous invite à faire dès maintenant la liste des choses que vous avez et que l'argent ne peut acheter.

On peut acheter le plaisir mais pas l'amour ;

On peut acheter un spectacle mais pas la joie ;

On peut acheter un esclave mais pas un ami ;

On peut acheter une femme mais pas une épouse ;

On peut acheter une maison mais pas un foyer ;

On peut acheter des aliments mais pas l'appétit ;

On peut acheter des médicaments mais pas la santé ;

On peut acheter des diplômes mais pas la culture ;

On peut acheter des livres mais pas l'intelligence ;

On peut acheter des tranquillisants mais pas la paix ;

On peut acheter des indulgences mais pas le pardon ;

On peut acheter de la terre mais pas le ciel.

Un jour, une de mes filles est allée se plaindre de moi auprès de mon ami Arnaud Y. à cause de ma rigueur à son égard. Pendant qu'elle se plaignait, l'ami lui tendit un stylo et un papier et lui recommanda d'y inscrire au recto toutes les choses qu'elle aime chez moi et au verso, tout ce qu'elle n'apprécie pas et que je fais. Pendant qu'elle le faisait, son regard autrefois colérique changea et devint plus serein.

Quand vous faites donc la liste des choses que vous avez et pour lesquelles vous êtes reconnaissant, cela ôte de vous, comme nous pouvons le voir au travers de notre exemple, la colère. Si l'idée de faire quelque chose fait naître en vous le sentiment de peur, inscrivez sur un papier toutes ces fois où vous aviez pu faire cette chose avec succès, et les fois où vous avez connu des revers en la faisant.

Si vous n'avez jamais fait cela, rappelez-vous tout ce que vous avez pu faire de grand dans la vie et qui dépasse cette chose qui vous semble aujourd'hui être un challenge. Vous verrez du coup cette peur disparaître et laisser place à la confiance.

J'ai fait par le passé une affaire (dans une entreprise de marketing de réseau) qui, en fin de compte, ne m'a pas apporté de résultats tangibles satisfaisants. Cela s'est gravé dans mon subconscient et à chaque fois que je devais entreprendre quelque chose, une voix montait au-dedans de moi en me demandant ce qui me faisait croire que mon nouveau projet connaîtrait une réussite alors que je n'ai pas pu avoir des résultats ne serait-ce moyens par rapport à mon premier projet. Cela m'a longtemps perturbé jusqu'au jour où j'ai entendu ceci dans mon esprit : « Si tu as connu de grands échecs, c'est que tu as commis de grandes actions ; les grandes actions sont accomplies par de grandes personnes ; donc tu es quelqu'un de grand, capable de grands exploits.» Cette pensée m'a rappelé mes triomphes passés, les grandes actions que je menais et que j'étais le seul à poser au milieu de mes ex-collègues.

Dans la vie, quand les résultats que vous avez d'une expérience ne vous sont pas édifiants ou encourageants, focalisez-vous sur les actions que vous aviez posées au cours de cette expérience. Si ni vos actions, ni les résultats qui en découlent ne vous sont pas satisfaisants, souvenez-vous et fixez votre attention sur les nobles ambitions, motivations et intentions que vous aviez eues et qui ont déterminé vos actions.

Si cela ne vous semble toujours pas satisfaisant, gardez en mémoire les différentes leçons que vous en avez tirées. Vous devez toujours déduire des leçons de vos expériences car l'expérience n'est en vérité pas ce que vous avez vécu, mais la leçon que vous tirez de ce que vous avez vécu.

Si vous ne tirez pas de leçons de ce que vous avez vécu, c'est que vous aurez vécu pour rien ces épreuves ; alors qu'elles vous sont imposées dans le but non seulement de vous former ou vous forger, mais aussi de vous enseigner. C'est l'enseignement que vous en tirez qui vous permet d'être formé et forgé. L'épreuve ne vous forme pas directement ; ce qui vous forme, c'est la leçon que vous tirez de l'épreuve.

Voyez beaucoup dans le peu

« J'ai tout reçu, et je suis dans l'abondance; j'ai été comblé de biens, en recevant par Épaphrodite ce qui vient de vous. »[1]

L'auteur de ces épitres estime avoir tout reçu et être dans l'abondance juste par un seul don. C'est le langage de ceux-là qui sont paramétrés (conditionnés) pour vivre dans l'abondance. Vous ne recevrez pas très souvent de la vie les choses telles que vous les voulez, mais vous les aurez sous une forme inattendue et bien meilleure lorsque vous faites les choix qui conviennent. Apprenez déjà à voir dans le peu que vous obtenez de la vie le tout auquel vous aspirez.

Si vous souhaitez avoir une plantation de maïs et qu'il vous tombe du ciel une graine de maïs, comprenez que vous venez d'être exaucé et arrêtez de rechercher obstinément ce que vous vouliez dès le départ. Ce qu'il vous revient de faire est de valoriser la graine de maïs que vous avez reçue en la semant au lieu de la mépriser en la foulant aux pieds.

Des fois, vos objectifs ne sont pas atteints mais les motivations qui les ont déterminés sont comblées. De ce fait, on peut dire que les objectifs que vous vous fixez ne sont pas toujours les vrais mais qu'ils vous aident à atteindre les véritables. Vérifiez donc pendant que vous cherchez à atteindre un objectif que vous vous êtes fixé, si vous avez déjà atteint un objectif plus grand. Lorsque vous faites les semences appropriées en procédant comme il le faut, vous recevez de la vie les choses qui vous plairont non pas toujours dans le présent, mais peut-être dans le futur. Cela est dû à vos critères et désirs qui sont souvent très changeants. Ceci pourrait aussi expliquer pourquoi les choses qui se rapportent à notre futur, avec lesquelles nous passerons le reste de notre vie, ne nous sont pas données plus tôt, mais plutôt aux moments où nous nous approchons de notre futur.

Ce n'est pas parce que vous avez reçu une partie de ce que vous voulez que le reste ne viendra pas. Au contraire, c'est un gage, une garantie que Dieu vous donne pour vous prouver Sa bonne foi. Ce reste pourrait donc vous être donné, soit au jour le jour, soit de manière périodique entre des intervalles de saisons. Si vous n'avez pas tout sur le coup, il se pourrait que ce soit dû au fait que vous n'avez toujours pas été un bon gestionnaire des choses que vous avez reçues de la vie, ou que vous n'avez pas besoin de tout avoir en même temps ; car la nature n'aime pas le gaspillage.

Tout ce que Dieu donne est complet sauf que très souvent, le tout n'est pas immédiatement accessible. Ce que vous recherchez vous est donc déjà donné à l'avance mais cela ne vous est pas accessible tout de suite pour plusieurs raisons. Le plus important n'est pas ce que vous recevez, mais ce que vous faites de ce que vous avez pour le moment en attendant d'avoir le reste.

Autrement dit, ce que vous vous attendez à recevoir des gens est moins important que ce que vous faites de ce que vous avez. Aussi, n'avez-vous pas des fois besoin de plus de bénédictions ; mais de grandir pour voir vos bénédictions telles qu'elles sont réellement. Dans d'autres cas, vous n'avez aussi pas besoin non plus de plus de bénédictions mais de partager ou servir le grand nombre avec le peu que vous avez. Si vous vous demandez comment cela est possible, lisez et laissez-vous inspirer par l'histoire biblique portant sur les cinq pains et deux poissons qui ont servi à Jésus pour nourrir la foule qui le suivait[2].

En servant le grand nombre avec le peu que vous avez, vous découvrirez la richesse cachée dans ce que vous avez ; car dans tout ce que nous recevons dans la vie se trouve la part de Dieu, celle des hommes (les démunis, les personnes nous ayant aidés, etc.) et la nôtre ; c'est en leur donnant leur part que nous pouvons accéder à ce qui nous revient.

L'éclat de la lampe n'est pas limité à son entourage immédiat. Quand c'est le cas, cela signifie que la lampe est sur le point de s'éteindre ou de s'abimer. Plus la lampe éclaire loin, plus elle est puissante. C'est ce qui fait la force du soleil ; il éclaire loin. Si nous voulons augmenter notre densité, il faut non pas économiser ce que nous avons mais le partager. L'égoïsme, l'absence de vision, la paresse feront que vous éclairerez seulement votre zone proche et pas celle des autres ; et ceci fera s'éteindre votre lampe. Tout ce qui est de Dieu et qu'Il a mis en vous croît lorsqu'il est partagé.

Vous êtes responsable de ce que vous recevez dans la vie. Par exemple, les choses sont à leur début juste ce qu'elles paraissent, en attendant que nous les personnalisions selon notre manière de les voir. C'est notre réaction à l'égard de leur apparence qui fait d'elles ce qu'elles deviendront. Laissez-moi vous l'expliquer par cette expérience que j'ai vécue : Un jour, j'ai lavé et séché un habit de couleur blanche. Sous l'effet du vent, il est tombé par terre, sur de la poussière.

Vous vous dites sûrement qu'il n'y a rien à faire, que ce vêtement se serait tâché. C'était aussi ce que je croyais quand ce principe que je suis en train de vous expliquer m'a illuminé l'esprit. J'ai alors vite fait de croire que le fait d'être tombé ne le tâcherait en rien et je me suis approché pour le récupérer. Vous savez quoi ? Il est resté blanc comme neige. Voyez-vous ? En ce qui vous concerne, rien n'est validé sans votre autorisation. Vous aurez toujours votre mot à dire dans tout ce qui vous arrivera.

Vous attirez dans la vie ce que vous êtes réellement (ce qui vous ressemble) et ce que vous n'êtes pas (ce qui est différent de vous et qui dans le même temps vous est complémentaire).

Pour changer ce que vous avez, il vous faut changer celui que vous êtes, car ce que vous êtes constitue la principale composante de ce que vous avez. Si vous n'êtes pas ravi de ce que vous avez, c'est alors possible que vous ne soyez pas fier de ce que vous êtes.

L'environnement familial joue un très grand rôle dans ce que vous devenez. Cependant, ne le rendez pas responsable de ce que vous devenez. Si cet environnement n'a pas été parfait, ne blâmez pas le ciel car il n'est pas prévu pour être le plus important de votre vie. L'environnement qui vous est capital et qui détermine fortement le genre de personne que vous deviendrez est celui qui dépend de vous, que vous choisissez d'aborder en toute conscience. Dans votre environnement familial comme partout ailleurs, il y a une part de bien et de mal que vous recevez. Ne blâmez pas le créateur pour le mal enduré. C'est le prix à payer pour bénéficier du bien correspondant et qui est indispensable à votre destinée. C'est donc un mal nécessaire.

Parlez de vos problèmes à des proches capables

« *Ne vous inquiétez de rien; mais faites connaître vos besoins.* »[3]

Le sens du mot « besoin » dans ce contexte est large. Il s'agit entre autres des problèmes, des soucis que vous avez. Donnez à Dieu la priorité en Lui parlant en premier de vos problèmes, même s'il est évident qu'Il les connaît déjà, avant d'en parler à quelqu'un d'autre. Il pourra alors vous confier des choses qu'aucun homme ne pourra vous dire au sujet de vos problèmes. Il pourra vous en montrer les ficelles.

« *Ainsi parle l'Éternel: Maudit soit l'homme qui se confie dans l'homme, qui prend la chair pour son appui, et qui détourne son cœur de l'Éternel !* »[4]

Dieu n'a pas de problèmes à ce que vous parliez de vos problèmes à des amis, experts et autres. Ce qu'Il refuse c'est que vous fassiez de ces derniers votre appui, et que vous détourniez vos regards de Lui et de ses voies en choisissant de suivre les hommes. *C'est un Dieu jaloux*[5]. Si ce point est réglé, vous pouvez alors parler de vos problèmes à ceux qui pourront vous comprendre, vous conseiller et si possible vous aider. Les soucis sont au-dedans de nous et quand nous en parlons, ils remontent en surface et sortent de notre bouche. Le tout est dans la manière de nous y prendre.

Ne parlez pas de vos problèmes dans le but de vous apitoyer, de rechercher l'attention des autres ; car en le faisant, vous donnez à ces problèmes l'énergie dont ils besoin pour se développer.

Exprimer son inquiétude, c'est aussi parler de ses problèmes à tout le monde. Avoir la maîtrise de soi, c'est pouvoir se contenir malgré ses problèmes et n'en parler qu'aux personnes qu'il faut. C'est bien possible d'avoir dans le même temps tous les problèmes de ce monde et conserver une grande paix. En effet, l'absence de problème procure une paix ordinaire.

Celui qui apprend à se contenir dans les moments d'affliction ou de peur expérimente la paix à un niveau plus élevé. C'est le niveau de paix qui surpasse toute intelligence, qui ne dépend plus de votre condition, de la résolution de vos problèmes. La paix, la joie et autres sentiments conditionnés par des évènements sont nuisibles et susceptibles d'entraîner la mort.

Dans ces cas, l'intensité de votre joie monte au point de faire sauter votre cœur. Je suis surpris de voir des gens dont la vie commence à devenir rose finir par s'éteindre subitement. Je comprends à présent que ce n'est pas forcément l'œuvre de la sorcellerie mais le fait que le cœur de ces derniers ait commencé à recevoir de lourdes charges positives. Il me parait important d'ajouter, toujours en ce qui concerne le fonctionnement du cœur de l'homme, que celui de l'homme méchant est plus en danger surtout quand il est en joie.

C'est pourquoi sa joie est souvent de courte durée. En effet, quand dans un même cœur il y a duplicité, double nature, bien et mal, il se crée un effet de masse comme en électricité, capable de provoquer un court-circuit. C'est pourquoi la joie du méchant n'est que misère. Le bien et le mal ne peuvent cohabiter ; et à chaque fois qu'ils sont mis ensemble, c'est le jugement qui descend comme dans le jardin où Dieu a maudit l'homme parce qu'il avait consommé le fruit de l'arbre de la connaissance du bien et du mal.

Remplissez vos devoirs

Faites ce que vous avez à faire, ce qu'il vous revient de faire, et vous serez en paix malgré la persistance des problèmes « *Ce que vous avez appris, reçu et entendu de moi, et ce que vous avez vu en moi, pratiquez-le. Et le Dieu de paix sera avec vous.* »[6]

Acceptez ce qui est et faites avec

Acceptez ce qui est et faites avec au lieu de vous lamenter pour ce qui n'est pas. La plus grande clé pour attirer à soi ce que l'on n'a pas est la bonne attitude que nous choisissons d'adopter face au manque. « *J'ai appris à être content de l'état où je me trouve. Je sais vivre dans l'humiliation, et je sais vivre dans l'abondance. En tout et partout j'ai appris à être rassasié et à avoir faim, à être dans l'abondance et à être dans la disette.* »[7]

Prenez conscience de ce qu'il y a présentement des gens qui vivent la même situation que vous

La solitude n'est pas seulement le fait de n'avoir personne à ses côtés ; c'est aussi le fait de croire que nous sommes les seuls au monde à vivre une situation donnée. Vous n'êtes ni le seul, ni le premier. D'autres personnes aussi vivent la même situation que vous. Vous serez plus détendu face aux problèmes quand vous réaliserez que vous n'êtes pas le seul à les vivre.

Autrefois, je pensais que j'étais le seul au monde à avoir vécu ce que j'ai enduré. Mais lorsque mes yeux se sont ouverts et que j'ai pris connaissance du challenge de certaines personnes, j'ai alors compris que je n'étais pas le seul et à partir de ce moment-là, le fardeau que je portais s'est allégé.

Des fois, il nous arrive de voir les gens souffrir du même mal que nous mais dans notre cœur, nous ne trouvons plus de place pour ressentir ce qu'ils ressentent, et pour réaliser alors que nous ne sommes pas les seuls dans cette situation. Allégez-vous aujourd'hui et pour toujours de ce fardeau que vous avez porté depuis longtemps. Je vous vois vous en décharger.

Ne le blâmez surtout pas

Notre douleur dans l'épreuve ne vient pas toujours de l'épreuve elle-même, mais d'un ressentiment à l'égard de Dieu, que nous rendons responsable de notre galère. Dieu est en vous, et lorsque vous le blâmez, Il entend votre blâme pendant que vous aussi vous l'entendez dans votre esprit. Cette voix résonne silencieusement en vous et vous entendez cette phrase : « C'est de ta faute ». Et en vous sentant indexé, vous commencez alors à vous culpabiliser.

Dieu et vous ne faites qu'un, et L'accuser, c'est vous auto-condamner. Imputer à Dieu la responsabilité de ce que nous vivons se fait de manière très subtile au point que parfois nous ne sommes pas conscients de cette rancœur. Ce n'est pas contre vous que ce problème est survenu. Il s'agit d'un test général auquel sont soumis tous les hommes.

Blâmer Dieu, c'est comme jeter une pierre au-dessus de soi, en direction du ciel. Elle retombera sur vous. C'est pourquoi il faut arrêter de blâmer Dieu et d'en faire le responsable de nos problèmes comme l'avait fait Adam dans le jardin d'Eden lorsqu'il dit : « *C'est la femme que tu as mise à mes côtés qui m'a donné du fruit de l'arbre et j'en ai mangé.* »

Réglez bien votre cœur

Quand votre cœur s'attache aux choses, vous ne pouvez expérimenter le meilleur. Pour avoir le meilleur, nous devons accepter d'abandonner les choses que nous avons aujourd'hui. C'est pourquoi ces choses que vous affectionnez tant vous quittent le plus souvent. Lorsque vous vous en détachez, elles vous reviennent mais sous une forme bien meilleure.

Vous attirez à vous ce qui est prépondérant dans votre cœur. Cependant, vous ne l'attirez pas toujours, lorsque vous désobéissez à certaines règles de fonctionnement de votre cœur. Votre cœur fonctionne bien lorsque vous classez les objets de votre affection par ordre de priorité et selon l'ordre prévu pour son bon fonctionnement. La première chose à aimer c'est DIEU. Les deuxième et troisième choses, c'est soi-même et les autres.

Vous ne devez pas aimer l'argent. Quand vous l'aimez, vous pervertissez votre cœur et attirez à vous toutes sortes de choses. Quand vous intervertissez l'ordre de ces choses, vous recevez de la vie des choses de faible valeur. Quand vous avez une idole au-dessus du trône de votre cœur, celle-ci corrompt et détourne vos émotions de sorte à en recevoir presque tout. Quand votre cœur est attaché à des choses éphémères, il empêche des choses bien plus importantes de venir à vous.

Lorsque votre cœur est par contre attaché à ces choses essentielles, vous chassez loin de vous les mauvaises choses. Le cœur fonctionne avec le principe de l'attraction et de la répulsion. Le cœur du méchant, quant à lui, fonctionne plutôt à l'envers. Il attire à lui ce que le cœur n'est pas censé aimer et repousse ce que le cœur devrait aimer. Le méchant a donc plus de facilité à attirer l'argent que l'homme de bien. L'homme de bien a plus de facilité à attirer ou à être attiré par Dieu et les bonnes personnes. Certes, il attire l'argent, mais ce n'est pas sa priorité. Il met parfois du temps à attirer l'argent parce que cela n'est pas prioritaire dans le classement des affections de son cœur. L'argent ne le précède pas mais le suit, contrairement au méchant. Si vous êtes un homme de bien, vous remarquerez que plus vous cherchez l'argent, plus vite il s'éloigne de vous. Moins votre cœur le désire et plus vite vous l'attirerez. C'est pourquoi, il est recommandé de ne pas compter sur les richesses de ce monde.[8]

Il ne s'agit pas que de l'argent mais aussi des choses semblables. Les vrais riches ne sont pas attachés à la richesse. Ils n'ont pas peur de perdre leurs richesses. Aimez les choses qui vous entourent mais pas d'un amour infini. Vous ne devez aimer que Dieu seul d'un amour infini, car Lui seul est infini.

Votre cœur est conçu pour s'attacher à ce avec quoi vous avez été créé. Toute chose se nourrit de ce qu'elle contient. Par exemple, l'homme contenant en lui du fer et du calcium s'en nourrit par les aliments qui sont aussi tirés de la terre comme lui, et qui contiennent ces choses. Votre cœur se détruit quand vous le nourrissez de ce qu'il ne contient pas.

Réjouissez-vous en espérance

Vous êtes en droit de vous attendre à de bonnes choses. Mentionnez-les même si chacune d'elles est de valeur négligeable. En les mettant ensemble, vous verrez qu'elles sont considérables. Vivez comme si vous les avez déjà. Si vous désirez par exemple avoir une grande maison, et que vous le pouvez, placez-vous devant des maisons que vous admirez et contemplez-les ou même visitez-les.

Créez de bons moments

Nous sommes très souvent à la recherche d'occasions qui vont meubler notre vie de bonheur. La vérité est que nous pouvons aussi les créer au lieu de les attendre car moins nous les attendons, plus vite elles surviendront. Créez ces occasions à partir de ce que vous avez.

Écrivez sur papier les mauvaises nouvelles

Quand vous êtes préoccupé par quelque chose, pensez à le mettre sur papier. En le faisant, vous aurez l'impression de déplacer le problème de votre tête au papier. Je trouvais que j'avais plusieurs choses à faire à la fois et la multitude de ces choses me donnait des soucis. Quand je les couchais sur du papier, aussitôt je n'y pensais plus. Faites la même chose en écrivant sur du papier vos soucis tout en y mentionnant la prochaine fois que vous vous appliquerez à les résoudre méthodiquement.

En 2006, un groupe de chercheurs a étudié l'effet d'écrire ses expériences difficiles. Ils ont étudié trois groupes différents : un groupe contrôle, qui ne devait rien faire de particulier, un deuxième qui devait écrire à propos des trois pires expériences de leur vie, et cela durant quinze minutes, en trois jours d'affilée, et un troisième et dernier groupe qui devait simplement penser à ces trois expériences durant la même durée.

Les résultats ont montré que, quatre semaines après l'expérience, le niveau de santé des participants du groupe ayant écrit sur leurs expériences difficiles s'était amélioré par rapport aux deux autres groupes. En revanche, celui du groupe qui n'a fait que penser aux expériences difficiles s'était dégradé.

Pensez à la solution et non au problème

Quand vous pensez au problème, il vous retire votre paix et votre joie. Pensez plutôt à comment régler le problème au lieu de penser au problème en lui-même et vous vous retrouverez enthousiaste à la vue des solutions qui jailliront de votre esprit.

La solution existe bel et bien. Napoleon HILL et Clement STONE disent à juste titre : « La vie ne nous laisse jamais en panne. Lorsqu'elle nous pose un problème, elle nous propose aussi la manière d'y faire face. »

Et si le pire s'était produit ?

Chaque situation, aussi douloureuse qu'elle soit, qui s'est produite dans votre vie, correspond à quelque chose de pire, de plus atroce, auquel vous avez échappé. Vous attirez le pire en vous plaignant de ce qui est, au lieu d'arrêter l'hémorragie en vous taisant et en continuant d'agir dans le bon sens. Se plaindre est semblable à la situation selon laquelle deux personnes s'arrêtent en plein milieu de la voie, sur le lieu où s'est produit un accident, pour se chamailler et finalement se faire renverser par un camion. Évitez ce camion en arrêtant de vous plaindre.

Apprenez à anticiper les mauvaises nouvelles

Faites la lecture des symptômes qui se présentent à vous et remédiez-y au plus tôt. Très souvent, nous sommes très passifs devant les situations quand elles ne sont pas encore alarmantes et nous nous alarmons quand elles commencent à empirer.

Décidez d'être heureux

Décidez d'être heureux malgré tout. Ce serait ainsi que vous allez acquérir cette joie et cette paix que nous avons évoquées plus haut et qui doivent être inconditionnelles.

Mangez vos herbes amères et buvez les eaux amères

Manger les herbes amères et boire les eaux amères, c'est considérer l'éventualité du pire afin de ne pas en être surpris. Avant d'annoncer une mauvaise nouvelle à quelqu'un, quand les circonstances le permettent, vous préparez psychologiquement et progressivement cette personne à accepter ladite nouvelle. Il en est de même avec les herbes et les eaux amères. Elles servent à désamorcer l'impact de la douleur à venir. Dans le désert, les eaux amères étaient prévues pour préparer psychologiquement le peuple d'Israël à conquérir Canaan des mains des géants qui y siégeaient.

Collez un sourire sur votre visage

Je vous recommande de veiller à toujours avoir le sourire au visage. C'est facile ! Il vous suffit juste de sourire. Le sourire est très puissant dans la mesure où il change automatiquement votre humeur et déteint instantanément sur votre mental. C'est le meilleur maquillage qui soit.

Souvenez-vous que tout a une fin

Les problèmes ne sont pas éternels. Ne vous en préoccupez pas au point d'en faire l'objet de votre existence.

Relativisez vos problèmes

Demandez-vous quelle est la finalité de vos problèmes. Souvenez-vous de l'objet dont la quête vous a attiré ce problème, et penchez-vous dessus. Ne vous laissez pas distraire. Vos problèmes d'aujourd'hui vous inspireront demain les solutions à des problèmes plus compliqués. Ils vous ouvriront les portes de votre destinée. Quoi qu'il en soit, vos douleurs d'aujourd'hui passeront et seront vos forces de demain.

Le fumier n'est pas agréable mais il est d'une vraie aide pour le développement de la plante. Il en est de même pour les problèmes. Vécu avec la bonne attitude, tout problème sert au développement personnel de celui qui le vit. J'allais chez un ami un week-end. Comme d'habitude, je chantais tout en conduisant. C'est dans cet état d'émerveillement que je suis resté jusqu'à sortir du bouchon dans lequel j'étais entré sans même en être dépité.

J'en conclus que nous rencontrons tous dans nos vies des problèmes, difficultés et bouchons. Nous n'en sommes pas affectés quand d'avance nous sommes et choisissons d'être de bonne humeur. La bonne humeur chasse l'onde négative derrière les problèmes. Karl MENNINGER a dit à ce sujet : « Les attitudes importent plus que les faits ».

Ne vous culpabilisez plus

Vous avez droit à l'erreur. Soyez le premier à vous pardonner vos fautes. Soyez le premier à les reconnaître en apprenant régulièrement à vous remettre en cause.

Faites taire la force de vos émotions en agissant de travers

Agissez même si vous êtes découragé ; pardonnez même si vous vous dites ne pas en avoir la force. Vous avez le choix entre inspirer vos émotions par vos actions et inspirer vos actions par vos émotions ; à vous de choisir selon le cas que vous avez devant vous.

Chantez des chants saints et enthousiastes

« Je ne chante pas parce que je suis heureux ; je suis heureux parce que je chante », a dit William JAMES.

Pour les choses que vous savez bonnes, n'attendez pas d'être motivé à les faire avant de les faire ; faites-les d'abord et la motivation pour les continuer vous viendra après. Vous avez le choix entre subir les émotions qui viennent de la vie et provoquer les sentiments que vous voulez.

Écoutez des chants saints et enthousiastes

Ce qui est bien avec les chants que nous écoutons, c'est qu'ils ne peuvent être influencés ni par nos pensées ni par nos émotions. Au contraire, ce sont eux qui influencent nos émotions et pensées. Par le sens de l'ouïe, il s'effectue en nous, dans un sens unique, le transfert de pensées et d'émotions venant d'un chant que nous écoutons. Faites attention, je vous en prie, à ce que vous écoutez !

La musique est vraiment thérapeutique. Personnellement, j'en ai fait l'expérience avec mon père. Il a fait un accident avec son véhicule qui a pris feu et il s'en est fallu de peu pour qu'il y reste et ne puisse s'en sortir et survivre. Je remercie Dieu du fait qu'il en soit sorti sain et sauf. Il avait été traumatisé par cet accident qui le mettait continuellement dans un état de stress. Pour l'en libérer, j'ai fait une sélection de chants qu'il a écoutés le long de son sommeil. A son réveil, il a témoigné être restauré et plus à l'aise.

Je vous propose aussi d'autre part, d'enregistrer à l'aide d'un dictaphone votre rire sur la durée d'une minute. Ensuite, jouez-le en boucle et surtout pendant votre sommeil et vous vous verrez beaucoup plus heureux et détendu au réveil.

Ranimez les anciennes émotions

Des émotions sont liées à chaque moment, action et évènement. Quand vous vous souvenez d'une expérience, vous ressentez en même temps les émotions que vous aviez autrefois ressenties. En effet, c'est possible grâce à l'hippocampe qui est la partie du cerveau liée à la mémoire qui se souvient et à la fois de ce que nous avons vécu et de ce que nous avons ressenti.

Norman Vincent PEALE dit à ce sujet : « Il est parfois plus agréable de se souvenir d'un évènement que de le vivre, car l'esprit tend à embellir la réalité, éliminant les détails superflus, parfois déplaisants, pour s'attacher à l'essentiel. »

Si vous voulez ressentir la joie, rappelez-vous vos dernières joies ; si vous voulez plus de confiance, rappelez-vous les dernières fois où vous aviez eu confiance.

CHAPITRE 4

PARDONNER L'IMPARDONNABLE

Beaucoup de supposées offenses sont le fruit de notre imagination, de nos préjugés et de malentendus. Par contre, il y en a qui sont réelles et que nous devons pardonner. Ce qui n'est souvent pas facile.

Pardonnez-vous d'abord

Des fois, nous avons du mal à pardonner aux autres parce que nous ne nous sommes pas encore pardonnés d'avoir permis que l'offense nous soit faite.

Tout comme un prisonnier ne peut libérer quelqu'un depuis sa cellule, nous ne pouvons libérer quelqu'un de notre cœur si nous y sommes aussi prisonniers. Nous ne pouvons pardonner à notre prochain sans nous être au préalable pardonnés à nous-mêmes. Anatole France le dit si bien en ces termes : « Il faut se pardonner beaucoup à soi-même pour s'habituer à pardonner beaucoup à autrui ».

Écrasez le pouvoir de l'orgueil

Nous avons du mal à pardonner aux autres, non pas toujours à cause de l'objet de l'offense, mais parfois à cause du sujet de l'offense. Nous n'acceptons pas que celui qui nous a offensés ait osé s'en prendre à nous. L'objectif premier de l'offense est de faire mal non pas à nous mais à notre faux-nous, à nos faiblesses, à nos défauts. Lorsque nous ne le savons pas, nous le prenons comme quelque chose de personnel et c'est alors que cela nous fait mal. Pour qu'elle puisse vraiment faire mal, elle emploie à son service les personnes qui sont les plus proches de nous, ou celles à qui nous sommes supérieurs, soit sur le plan hiérarchique, soit sur d'autres plans.

Les différentes offenses que l'on nous fait nous font ôter le regard de notre nombril. Les offenses nous rendent plus forts lorsque nous les pardonnons. Au sujet du pardon, Gandhi dit : « Le faible ne peut pardonner. Pardonner appartient aux forts. » L'orgueilleux ne peut naturellement pardonner. C'est pourquoi au travers des offenses, l'égo qui alimente l'orgueil est blessé et affaibli.

Acceptez les gens tels qu'ils sont

L'offense vient du fait que nous croyons que les autres sont et devraient agir comme nous. Lorsqu'ils font le contraire de ce à quoi nous nous attendons, nous percevons cela comme une offense. Vous vous sentirez moins offensé lorsque vous réaliserez que les gens sont différents de vous. Souffrez du fait qu'il y en a qui ont un degré de gentillesse inférieur au vôtre. Cela ne fait pas de ces gens des personnes méchantes.

Comprenez aussi que nous ne nous exprimons pas tous de la même manière. Pour certains, être quelqu'un de bien, c'est pouvoir assister les autres de leur vivant et pour d'autres, c'est honorer la mémoire de ces derniers à leur mort. Comme me l'a dit un jour mon ami Ephraïm Z. : « Nous n'avons pas les mêmes langages d'amitié. » Ce qui veut dire que nous n'exprimons pas notre amitié de la même manière.

Il n'y a pas d'homme parfait sur cette terre. C'est une quête utopique que de rechercher une personne sans défauts. Préparez-vous à recevoir tous les coups possibles et pardonnez d'avance aux personnes qui vous offenseront bien avant qu'elles ne vous blessent.

Acceptez les gens tels qu'ils sont à l'instant présent, cherchez à les comprendre et cela vous permettra de voir leur meilleur côté. Plus vous donnez de la valeur à une chose ou à une personne, plus vous découvrez la valeur cachée en cette chose ou en cette personne.

Retenez donc qu'avant de voir la valeur d'une chose ou d'une personne, il faut en être digne, la mériter en lui donnant d'abord de la valeur.

Nous sommes différents les uns des autres et c'est cette diversité qui fait le monde que nous constituons et qui nous maintient. Célébrez la diversité dont vous êtes le fruit.

Ne vous trompez pas d'adversaires

Les gens ne sont pas conscients de l'offense qu'ils vous infligent. C'est pourquoi après vous avoir offensé, certains d'entre eux ont des regrets. La Parole de Jésus quelques minutes avant Sa mort était : « *Pardonne-leur car ils ne savent pas ce qu'ils font.* »[1]

En vous rappelant tout le bien qu'ils ont pu vous faire par le passé, vous constaterez que ce ne sont pas réellement eux qui sont en face de vous. Ne permettez pas que le mal qu'ils vous ont fait devienne ce virus qui efface de votre mémoire tout le bien qu'ils ont pu vous faire.

Les gens sont à des moments donnés manipulés et retenus captifs par des esprits méchants qui les possèdent. Ils crient : « N'écoute pas la voix de cet esprit, ce n'est pas moi. » Mais vous ne les entendez pas, parce qu'ils sont retenus captifs au fin fond d'eux-mêmes. Malgré leur mise en garde, vous leur en voulez injustement. C'est identique à la scène où une personne sur le point de décéder et qui est partagée entre le monde physique et le monde spirituel vous parle par son esprit et vous fait des signes de la main, mais vous ne la voyez et ne l'entendez pas.

C'est pourquoi il nous est demandé de prier pour nos ennemis. C'est dans le but de les délivrer du joug de cette servitude. C'est la raison pour laquelle Jésus a dit à Pierre : « *Arrière de moi Satan !* »[2] Il est aussi écrit que : « *Satan entra dans Judas.* »[3] Le prédicateur Hermann FEHA peut dire à ce sujet quelque chose de très remarquable : « Les êtres humains sont les marionnettes des êtres spirituels. »

Localisez la source de la douleur

Le manque de pardon fait plus mal que la douleur que l'on nous a infligée. Ce qui vous fait probablement mal, ce n'est pas le mal que l'on vous a fait, mais le mal que vous retenez dans le cœur. Il vous faut pardonner pour que la douleur disparaisse et non pas attendre que la douleur disparaisse d'elle-même avant d'envisager pardonner. Tant que vous ne pardonnez pas, la douleur demeure en vous.

Si avant de pardonner à la personne qui vous a offensé, vous ressentez que la douleur n'y est plus, sachez que c'est une fausse impression. Il faut pardonner pour vous libérer de la douleur et non vous libérer de la douleur avant de pardonner. Cette dernière option ne marche pas et c'est à la prochaine offense que la plaie se rouvrira et vous verrez qu'elle n'était pas cicatrisée et que les douleurs d'autrefois étaient toujours là.

L'offense est une blessure que l'on nous inflige et que seul le pardon permet de faire cicatriser. Ne pas pardonner fait de la blessure émotionnelle que nous avons eue, une plaie infecte qui attire les mouches que sont les personnes qui vont nous faire encore plus mal.

Pardonner est une décision et non un ressenti. Beaucoup se trompent en pensant qu'il leur faut ressentir qu'il est temps de pardonner avant de le faire au lieu de le décider à l'instant. En ce qui concerne le temps qu'il faut pour pardonner, vous devez le faire instantanément, au moment où vous êtes offensé ou au plus tard avant minuit, car il est dit : « *Que le soleil ne se couche pas sur votre colère.* »[4] Il faut pardonner au plus tard avant minuit et au plus tôt, avant même d'être offensé. Imaginez-vous et pardonnez d'avance tout le mal que l'on peut vous faire. Ceci vous aidera le moment venu à pardonner beaucoup plus aisément.

En vouloir aux gens est une décision personnelle que nous prenons lorsque nous sommes offensés. Pour pardonner, il faut aussi le décider.

Je vous propose l'astuce suivante : Procurez-vous une poubelle et un tableau (sur lequel vous pouvez retenir des bouts de papier). Écrivez et jetez dans la poubelle, au fur et à mesure que vous les recevez, les insultes, les médisances, les offenses, les échecs, etc. bref tout ce qui est négatif, sans oublier de vider régulièrement cette poubelle. Écrivez sur un bout de papier et pointez sur le tableau ou dans un coffre-fort les paroles d'encouragement, les conseils, les marques de bonté que vous recevez des gens.

Ceci me rappelle l'histoire du sable et de la pierre :

« Deux amis marchaient dans le désert. A un moment, ils se disputèrent et l'un d'eux donna une gifle à l'autre.

Celui-ci endolori, sans rien dire, écrivit dans le sable : " Aujourd'hui mon meilleur ami m'a donné une gifle. "

Ils continuèrent à marcher puis trouvèrent un oasis dans lequel ils décidèrent de se baigner. Mais celui qui avait été giflé était prêt de se noyer quand son ami le sauva. Quand il reprit connaissance, il écrivit sur une pierre : " Aujourd'hui mon meilleur ami m'a sauvé la vie. " Celui qui avait donné la gifle et sauvé son ami lui demanda : " Quand je t'ai blessé, tu as écrit sur le sable, et maintenant tu as écrit sur la pierre. Pourquoi ? "

L'autre ami répondit : " Quand quelqu'un nous blesse, nous devons l'écrire dans le sable, où les vents du pardon peuvent l'effacer. Mais quand quelqu'un fait quelque chose de bien pour nous, nous devons le graver dans la pierre, où aucun vent ne peut l'effacer. " »

Apprenez à écrire vos blessures dans le sable et à graver vos joies dans la pierre. N'oubliez pas que tout se décide au moment même de l'offense. Veillez à ce que votre choix soit réfléchi et non charnel et instinctif. Ne réagissez pas mais répondez. La réaction est instinctive, ne traduisant pas toujours ce qu'on aurait voulu exprimer alors que la réponse est une réaction voulue, calculée, préparée et choisie en toute conscience.

Tirez des leçons et avancez

Ne pas pardonner veut dire que l'on n'a pas encore tiré leçons de l'offense et que nos regards y sont encore portés.

C'est à la fin d'un chapitre que nous tirons des leçons. C'est quand nous voulons passer à autre chose, pardonner et oublier l'offense, que nous tirons des leçons. Tirez des leçons constructives de cette situation et vous vous verrez plus apte à pardonner. Quand nous tirons des leçons, nous pouvons être pressés de revivre des expériences similaires afin de vérifier l'authenticité des leçons tirées. Il faut veiller à ce que les leçons tirées de l'offense soient supérieures à l'offense que l'on vous a faite.

Saisissez la valeur du pardon et de l'offense

Le pardon de nos offenses passées nous est accordé au prix du sang divin versé à la croix. Cela a coûté toute une vie, celle de Jésus-Christ. Nous pouvons comprendre de cela que le pardon coûte très cher et qu'il faut pardonner même si c'est au prix de notre vie que nous devons l'accorder.

Nous recevons le pardon des fautes que nous commettons aujourd'hui par une offense que nous pardonnons. C'est pourquoi il est dit dans le « Notre Père » : « *Pardonne-nous nos offenses, comme nous aussi nous pardonnons.*»[5] Les offenses des autres à notre égard sont attirées par nos propres offenses. Ce sont nos offenses faites à autrui qui sont à la base de l'offense que l'on nous fait.

Nous avons la clé de notre pardon entre nos mains : si nous croyons mériter notre pardon, nous devons pouvoir aussi l'accorder à autrui. Si vous croyez ne pas mériter le pardon et que vous demandez grâce, il vous faudrait également pouvoir accorder cette même grâce à autrui d'abord. Ceci me rappelle l'histoire suivante :

« C'est pourquoi, le royaume des cieux est semblable à un roi qui voulut faire rendre compte à ses serviteurs. Quand il se mit à compter, on lui en amena un qui devait dix mille talents. Comme il n'avait pas de quoi payer, son maître ordonna qu'il fût vendu, lui, sa femme, ses enfants, et tout ce qu'il avait, et que la dette fût acquittée.

Le serviteur, se jetant à terre, se prosterna devant lui, et dit: " Seigneur, aie patience envers moi, et je te paierai tout. " Ému de compassion, le maître de ce serviteur le laissa aller, et lui remit la dette. Après qu'il fut sorti, ce serviteur rencontra un de ses compagnons qui lui devait cent deniers. Il le saisit et l'étranglait, en disant : " paie ce que tu me dois. " Son compagnon, se jetant à terre, le suppliait, disant : " aie patience envers moi, et je te paierai. "

Mais l'autre ne voulut pas, et il alla le jeter en prison, jusqu'à ce qu'il eût payé ce qu'il devait. Ses compagnons, ayant vu ce qui était arrivé, furent profondément attristés, et ils allèrent raconter à leur maître tout ce qui s'était passé. Alors le maître fit appeler ce serviteur, et lui dit : " Méchant serviteur, je t'avais remis en entier ta dette, parce que tu m'en avais supplié ; ne devais-tu pas aussi avoir pitié de ton compagnon, comme j'ai eu pitié de toi ? " Et son maître, irrité, le livra aux bourreaux, jusqu'à ce qu'il eût payé tout ce qu'il devait. C'est ainsi que mon Père céleste vous traitera, si chacun de vous ne pardonne à son frère de tout son cœur. »[6]

Pardonner à autrui, c'est se pardonner à soi-même. Au lieu que votre vie vous soit réclamée pour le pardon de vos offenses, le Seigneur a donné en échange la sienne et vous demande de pardonner une offense que vous avez attirée ; c'est-à-dire pardonner la conséquence de votre offense. « *Pardonnez, afin que votre Père qui est dans les cieux vous pardonne aussi vos offenses.* »[6] L'acte du pardon a un double avantage : libérer les autres de notre cœur et nous libérer nous-mêmes de nos fautes.

Nous sommes liés les uns aux autres

Si nous sommes aptes à pardonner à nos frères biologiques et ne sommes pas disposés à pardonner aux autres, c'est que nous n'avons pas compris que nous sommes tous enfants d'un même Père et que nous sommes tous des frères.

Quand vous ne pardonnez pas une offense, le mal qui vous a été fait trouve une raison valable de vous revenir sous une autre forme. Quand vous pardonnez le mal qui vous a été fait, celui-ci peut se transformer en bien. Quand vous ne pardonnez pas, le mal s'empire et devient malheur.

Je vous invite à identifier les différentes blessures que l'on vous a faites par le passé, de votre naissance à aujourd'hui, et épurez la liste en pardonnant chacune des personnes mentionnées.

CHAPITRE 5

DOMINER SUR LA COLÈRE

Confrontez la colère charnelle à la sainte colère

Nous distinguons deux types de colère. Le premier est charnel et le second est saint. La colère d'ordre charnel est celle qui est causée par l'égo, l'insécurité, les complexes, les envies, etc. alors que la colère sainte est celle qui vient de Dieu, qui ne nous pousse pas au péché et qui est entièrement contraire à la colère charnelle.

Lorsque vous cultivez la sainteté dans votre cœur, c'est-à-dire lorsque vous ne laissez pas le mal se développer en vous par les pensées et les actes qu'il inspire, il en ressort que vous êtes naturellement animé par la colère sainte, plutôt que par la colère charnelle. Quand vous vous mettez en colère (charnelle), vous poussez des cornes sur la tête et vos dents s'agrandissent (Sourire). C'est marrant mais c'est en même temps vrai. En nous mettant en colère, nous ressemblons au père de la colère. C'est pour cela qu'il vous faut décider de ne plus laisser la colère trouver une issue favorable en vous. Dès aujourd'hui, apprenez à ne vous mettre en colère ni contre les hommes, ni contre vous-même, mais contre la colère elle-même.

Opposez le bien au mal

« *Et l'Éternel dit à Caïn: Pourquoi es-tu irrité, et pourquoi ton visage est-il abattu? Certainement, si tu agis bien, tu relèveras ton visage, et si tu agis mal, le péché se couche à la porte, et ses désirs se portent vers toi: mais toi, domine sur lui.* »[1]

En répondant par le bien au mal que l'on nous a fait, nous chassons le sentiment de colère qui pourrait se trouver en nous.

Ne portez envie à personne

La jalousie de Caïn contre Abel son frère l'a poussé à la colère et au meurtre. « *Car la jalousie met un homme en fureur.* »[2]

Nous ne sommes pas en compétition avec les autres pour nous comparer à eux. Nous n'avons pas le même appel, la même destinée, la même durée de vie. Le manque d'amour est l'une des causes de la jalousie. Quand vous aimez quelqu'un, vous vous attachez à lui (émotionnellement, physiquement voire spirituellement), et vous devenez en quelque sorte une seule chair.[3] C'est alors que vous vous identifiez à lui, que vous vous voyez au travers de lui. En vous identifiant à cette personne, vous remarquerez que son bonheur devient le vôtre.

Pour vous identifier plus facilement aux autres, il vous faudra revoir la perception que vous avez d'eux. Nous sommes tous les enfants d'un même Père et avons autrefois tous habité dans le même sein : celui de Dieu d'où nous sommes sortis et celui d'Adam qui nous a engendrés. Alors, pourquoi nous traitons-nous comme des étrangers, nous qui autrefois avions habité ensemble dans le même sein ?

La Bible emploie à plusieurs reprises l'expression « le prochain ». En voyant les autres comme étant nos prochains, nous arrivons plus facilement à les aimer comme nous le recommandent les Écritures en ces termes : « *Aime ton prochain comme toi-même.* »[4] Ce n'est pas autrui qu'on aime comme soi-même, mais celui que nous considérons comme notre prochain et là, il devrait être compris tout le monde.

Nous sommes plus prompts à jalouser les personnes que nous estimons égales à nous ou du même niveau que nous et avons tendance à ne pas jalouser les personnes qui sont d'un niveau supérieur au nôtre. L'aviez-vous remarqué ?

Les personnes que nous jugeons supérieures à nous, pas du même niveau que nous, nous ne les jalousons pas, parce que nous estimons que nous sommes différents d'eux, qu'il n'y a pas comme on le dit, match entre nous. De la même manière, quand nous réalisons que nous sommes différents de tous, nous ne faisons plus de comparaison et donc plus de jalousie. Comprenez que les gens peuvent être d'un niveau supérieur au vôtre, mais cela ne fait pas d'eux des gens qui vous sont supérieurs.

Conclusion : nous sommes tous égaux et en même temps différents.

Envisagez, vous rapprocher des personnes à qui vous vous êtes déjà comparé, afin de facilement vous identifier à eux, de les voir comme étant vos prochains et que leur bonheur devienne le vôtre.

Prenez conscience de qui vous êtes vraiment. Vous êtes quelqu'un de bien, de juste. Les gens de bien ne souffrent pas de jalousie. Si cela leur arrive, ça ne dure pas à cause de l'incompatibilité de la jalousie avec leur nature. C'est pourquoi, il vous faut la rejeter lorsque vous la sentez monter en vous.

Apprenez le contentement et renoncez à la convoitise. Le contentement, c'est le fait de faire avec ce qu'on a. Le plus important n'est pas ce que vous avez aujourd'hui, mais ce que vous aurez demain. Le plus important est d'avoir ce dont vous avez besoin et non ce que vous voulez.

Dieu dans Sa prescience vous donnera aujourd'hui ce que vous allez aimer demain et pas toujours ce que vous voulez aujourd'hui ; parce que nos désirs, critères, etc. sont changeants et peuvent devenir plus tard stables, constants grâce à l'expérience et à la maturité. Nous n'avons pas toujours ce que nous voulons, mais nous finissons toujours par apprécier, lorsque nous murissons, ce que nous avons et par réaliser même qu'il n'aurait pas pu exister mieux que cela.

Tant que vous n'êtes pas content du bien que les autres ont, le vôtre ne vous sera pas donné. Envier quelqu'un, c'est vouloir ce qu'il a, sans se demander ce qu'il a fait pour l'avoir. Demandez-vous comment vous pourrez faire pour avoir vous aussi cette même chose que votre prochain, et vous ne serez point jaloux ou envieux. L'envieux ne se limite qu'aux envies alors que celui qui est envié est passé entre temps de l'envie au questionnement. Il s'est posé la question de savoir comment faire pour avoir ce qu'il voulait et a mis en place un plan pour l'avoir.

Aussi est-il que vous portez le regard sur ce qui est à autrui lorsque vous ne savez pas ce que vous voulez. Demandez-vous alors sincèrement ce que vous voulez et travaillez à l'obtenir. N'en voulez pas à celui qui a, mais portez vos regards sur celui qui donne.

Il y a deux manières d'avoir quelque chose : (1) nous obtenons certaines choses dans la vie de manière naturelle, par grâce. Vous verrez par exemple des gens être naturellement leaders sans faire aucun effort ; (2) nous obtenons de la vie des choses de manière provoquée. Vous verrez par exemple des gens n'ayant pas des aptitudes innées au leadership apprendre à être des leaders.

Les personnes qui obtiennent de la vie des choses naturellement, ont parfois du mal à en prendre soin parce qu'ils les prennent très vite pour acquis. Par contre, ceux qui obtiennent des choses de la vie avec souffrance en prennent souvent mieux soin et, de ce fait, ils en obtiennent encore plus. Le fait que vous n'ayez pas ce que vous voulez aujourd'hui vous qualifie à avoir plus demain. Quand le résultat est différé, il prend de la valeur.

Nous sommes tous des génies dans un domaine donné. Le domaine de compétence de certains se révèle plus tôt, et chez d'autres, cela se révèle plus tard. Les élèves brillants à l'école et qualifiés de génies sont ceux qui ont vite découvert ou ont été confrontés plus tôt à un domaine dans lequel s'exprimait aisément leur génie. Pour d'autres par contre, c'est en grandissant qu'ils découvrent ce domaine.

Par exemple, ce n'est pas en étant enfant qu'une personne se découvre le potentiel pour conduire de manière ingénieuse un avion. Nous sommes tous des génies, dans différents domaines et à des moments bien différents. Il y en a pour tous. Ne soyez pas enfermé dans la mentalité de l'insuffisance ou du manque qui vous fait croire que les ressources de ce monde sont limitées. Développez et entretenez désormais la mentalité d'abondance.

Vous êtes incomparable

« *Saül fut très irrité, et cela lui déplut. Il dit: On en donne dix mille à David, et c'est à moi que l'on donne les mille! Il ne lui manque plus que la royauté.* »[5] Ce sont les personnes moyennes et incompétentes qui sont prédisposées à faire preuve de jalousie. Recherchez vos potentielles forces et travaillez à les développer ; découvrez votre spécificité et travaillez à la faire ressortir. Comparez-vous à vous-même ; êtes-vous meilleur que ce que vous étiez hier ? Quand vous ne vous comparez pas à vous-même, vous vous comparerez aux autres. Quand vous ne comparez pas votre présent à votre passé, vous le comparerez avec le présent d'une autre personne.

Sur quelle base faites-vous la comparaison ? Quelle est la moyenne en fonction de laquelle vous jugez. Une entreprise A qui réalise un chiffre d'affaires de vingt-cinq mille dollars (25.000 $) pourra être qualifiée de plus prospère qu'une entreprise B qui réalise un chiffre d'affaires de cent mille dollars (100.000 $) ; car les charges de l'entreprise A sont de dix mille dollars (10.000 $) et celles de l'entreprise B de quatre-vingt-dix mille dollars (90.000 $).

Suivez votre chemin, faites ce que vous avez à faire et vous ne vous comparerez à personne. C'est quand vous êtes sur la place publique que vous vous comparez à tout le monde. Mais quand vous êtes dans le couloir tracé d'avance pour vous, en train de faire ce à quoi vous êtes appelé, vous vous évaluez non plus en fonction des autres, mais plutôt de votre évolution, de vos marges de progrès.

Le pouvoir de la patience et de l'humilité

« *L'oppression rend insensé le sage, et les présents corrompent le cœur. Mieux vaut la fin d'une chose que son commencement; mieux vaut un esprit patient qu'un esprit hautain. Ne te hâte pas en ton esprit de t'irriter, car l'irritation repose dans le sein des insensés.* »[6] L'oppression est une forme de pression que l'on nous met. Une personne qui est mise sous pression n'a plus le temps de réfléchir. Elle devient alors livrée à ses sens et on dit d'elle qu'elle est insensée. L'insensé, c'est celui qui se laisse conduire par ses sens et non d'après ce qui est bien.

Le temps est un élément de pression avec lequel l'on peut vous oppresser. Pour réduire la pression du temps sur vous, il vous faut apprendre à développer votre patience. Celui qui n'est pas pressé par le temps a un très grand pouvoir. C'est l'un des pouvoirs de Dieu, le Maître des temps.

Être patient, c'est accepter bénéficier de ce qui est, en attendant ce qui sera, et non attendre ce qui sera en refusant de bénéficier de ce qui est déjà. Lorsque vous profitez des choses qui sont déjà, cela vous encourage à attendre le meilleur ; à tel point que vous pouvez en être satisfait et même oublier le meilleur. Si vous voulez donc devenir patient au sujet des choses à venir, commencez à jouir pleinement des choses qui existent déjà.

Nous nous oppressons nous-mêmes lorsque nous tenons à avoir aujourd'hui ce qui viendra demain. Pour développer la patience au sujet des choses à venir, vous devez percevoir dans votre esprit ce qui est à venir comme étant déjà là. Ce qui signifie que vous devez croire en l'existence de cette chose. Pour rendre le sage insensé, l'oppression procède de manière stratégique. Elle voile d'abord sa vision des choses pour l'amener à croire qu'il n'y a plus d'issue devant lui. Elle peut aussi le pousser à être satisfait de son présent et l'amener à ne pas désirer avoir mieux ou plus. C'est ainsi que nous ne voyons que le présent et non plus l'avenir. Les présents qui corrompent le cœur[6] et qui sont aussi un moyen de pression ne sont pas que des dons. C'est aussi tout ce qui est présent, c'est-à-dire tout ce qui appartient à l'instant présent, qui est disponible et que l'on peut toucher.

Les personnes qui sont aptes à s'irriter sont celles qui s'appuient sur un présent ou un don. Ce qui les rend hautaines, orgueilleuses, suffisantes comme le dit le texte de référence précédemment cité. Ce qu'elles ont aujourd'hui leur suffit, elles en sont satisfaites. Ne soyez pas satisfait de votre présent, le meilleur est à venir.

Pour d'autres, leur présent n'est pas fait de sujets de joie, contrairement à ceux pour qui tout va bien et qui s'en enorgueillissent. Ils s'apitoient sur leur sort et ne croient pas en un avenir radieux, parce qu'ils ne le voient pas, étant donné qu'il leur est voilé.

Ne laissez pas ce que vous avez vous définir : vous avez plus de valeur que cela. La poussière est banalisée pour beaucoup mais pour le créateur, elle a servi à créer l'homme. Le sable peut paraître vil, mais il sert à construire des châteaux. Vous serez étonné de voir à quel point les choses ordinaires ou banales auront une grande incidence sur le cours de votre destinée. Ne négligez rien : toute chose qui a pu se matérialiser sur terre a son importance. Vous êtes sur terre pour une raison bien précise. Lorsque vous découvrez la raison de votre existence, vous prenez connaissance de votre valeur. Ne soyez pas victime de ce que les hommes ont fait de vous. Ils pourraient sous-estimer votre valeur, mais vous, continuez à vous voir comme étant d'une valeur incommensurable.

« Un jeune garçon alla chez son grand-père et lui demanda : "quelle est la valeur de la vie ? " Le grand-père lui donna une pierre et dit : "Trouve la valeur de cette pierre, mais ne la vends pas." Le garçon prit la pierre et se rendit chez le vendeur d'oranges et lui demanda quel en était le prix. Le vendeur d'oranges regarda la pierre étincelante et dit : "tu peux me prendre douze oranges et me donner la pierre." Le garçon s'excusa et dit que son grand père lui avait dit de ne pas la vendre.

Il alla plus loin et trouva un vendeur de légumes. "Quelle serait la valeur de cette pierre ?" lui demanda-t-il. Le vendeur regarda l'étincelante pierre et lui proposa un sac de patates pour lui prendre la pierre. Le garçon s'excusa de nouveau et dit qu'il ne pouvait la vendre.

Plus loin, il alla chez un joaillier et demanda la valeur de la pierre. Le joaillier scruta la pierre avec une loupe et dit : "je te donnerai un million pour cette pierre". Encore plus loin le garçon entra dans une boutique de pierres précieuses et demanda au vendeur la valeur de la pierre. Quand le vendeur de pierres précieuses vit la grandeur de la pierre, qui s'avérait être un rubis, il baissa une toile rouge et mit le rubis dessus. Ensuite, il commença à tourner autour du rubis, et dit : "Où as-tu trouvé un rubis d'une aussi grande valeur à laquelle on ne peut donner aucun prix ? Même si je vends le monde entier et ma vie, je ne pourrai acheter un rubis d'un aussi grand prix". Stupéfait et confus, le garçon retourna chez le grand-père et lui dit : " qu'est-ce que cela signifie ? Maintenant dis-moi quelle est la valeur de la vie grand père ?"

Le grand père dit : " les réponses que tu as reçues du vendeur d'oranges, du vendeur de légumes, du joaillier, et du vendeur de pierres précieuses expliquent la valeur de la vie. Tu peux être une pierre précieuse d'un grand prix, mais les gens t'évalueront en se basant sur leur statut financier, leur niveau d'information, leur confiance en toi, leur ambition." »

Votre valeur n'est pas déterminée par ce que vous êtes aujourd'hui, mais par celle qui a motivé votre créateur à vous créer. Vous avez de la valeur et ça ne se discute ni ne se marchande. Ne laissez pas ce que vous vivez définir toute votre existence.

L'orgueil nous fait croire que nous avons le pouvoir de tout avoir maintenant et c'est ainsi que nous devenons nos propres oppresseurs. C'est pourquoi il est dit dans le texte de référence précédemment cité, de ne pas se hâter à s'irriter. C'est pour dire de ne pas se mettre la pression, et donc de ne pas s'oppresser soi-même. La véritable oppression n'est pas celle que les autres nous font subir, mais celle que nous nous faisons subir au travers de ce que nous font les autres. Ce sont nos croyances et perceptions qui nous prédisposent à une réaction colérique. Revoyez vos croyances et perceptions et réglez-les de sorte à ce que les actions des autres ne viennent plus vous mettre en colère. Si d'après votre conception des choses, vous croyez que la vie n'est faite que de roses, à chaque fois que vous recevrez d'elle des épines, cela vous frustrera et vous mettra en colère.

Vous avez reçu le pouvoir de dominer sur la colère

« *Si vous vous mettez en colère, ne péchez point; que le soleil ne se couche pas sur votre colère.* »[7]

« *Et l'Éternel dit à Caïn: Pourquoi es-tu irrité, et pourquoi ton visage est-il abattu? Certainement,* ***si tu agis bien,*** *tu relèveras ton visage, et si tu agis mal, le péché se couche à la porte, et ses désirs se portent vers toi: mais toi, domine sur lui.* »[8]

« *Ne te hâte pas en ton esprit de t'irriter.* »[9]

« *Laisse la colère, abandonne la fureur.* »[10]

Nous retenons de ces passages que nous avons un pouvoir sur la colère : celui de ne pas se laisser inspirer par elle. S'il nous est impérativement demandé d'abandonner la fureur, c'est que nous avons les moyens de la délaisser. Nous comprenons que rester en colère est un choix.

La courte durée de la colère

« *Que le soleil ne se couche pas sur votre colère.* »

Aussi forte que puisse être votre colère, vous avez le pouvoir de vous en débarrasser sur le champ. La colère fait seulement du bruit. Ses seules forces sont celles que vous lui donnez.

Ménagez votre monture

« *Jacob s'irrita, et querella Laban. Il reprit la parole, et lui dit: Quel est mon crime, quel est mon péché, que tu me poursuives avec tant d'ardeur* ? »[11]

La persécution est une série d'offenses. Pardonnez chacune des offenses qu'une personne vous fait et vous briserez le pouvoir qu'elles ont de se succéder entre elles pour peser sur vous.

Priez contre l'esprit qui anime celui qui vous met en colère et priez aussi pour ce dernier. Prier contre l'esprit qui vous prédispose à la colère et priez pour vous-même, afin de tenir ferme. Retenez que nul n'est volontairement méchant. Il y a des esprits qui en complicité entre eux créent entre les hommes des problèmes à l'origine de la colère. Lorsque vous vous mettez par exemple en colère, il y a deux esprits qui, de loin, œuvrent main dans la main.

Je veux par exemple nommer l'esprit de querelle ou de division se trouvant du côté de la personne qui vous a offensé, qui incite l'esprit de colère qui est à votre niveau à lui répondre. Ces esprits montent des plans à notre insu et tentent de nous manipuler comme si l'on était des marionnettes. Cela est d'autant plus vrai lorsque nous ne parvenons pas à nous maîtriser. « *L'homme qui a de la sagesse est lent à la colère, Et il met sa gloire à oublier les offenses.* »[12] C'est du fait qu'il est apte à pardonner chacune des offenses qu'on lui fait qu'il est lent à la colère. Écrivez l'offense que l'on vous a faite pour libérer votre mémoire et arrêter de méditer dessus. Tirez des leçons de l'offense. En le faisant, vous voyez, au-delà de la transgression, la bénédiction qui s'y trouve.

Remontez à votre passé et faites la paix avec les différentes offenses que vous avez connues et qui pèsent sur vous jusqu'à aujourd'hui, à tel point qu'il vous est difficile de pardonner et que vous êtes toujours plus prompt à la colère. Décidez en toute conscience de pardonner aux auteurs de ces offenses.

Discernez les esprits

« *Tamar répandit de la cendre sur sa tête, et déchira sa tunique bigarrée; elle mit la main sur sa tête, et s'en alla en poussant des cris. Absalom, son frère, lui dit : Amnon, ton frère, a-t-il été avec toi? Maintenant, ma sœur, tais-toi, c'est ton frère; ne prends pas cette affaire trop à cœur. Et Tamar, désolée, demeura dans la maison d'Absalom, son frère. Le roi David apprit toutes ces choses, et il fut très irrité.* »[13]

C'est un esprit impur qui a poussé Amnon à violer sa sœur. Il y a des gens qui sont contrôlés par des esprits méchants. Leur esprit est caché et pris en otage au plus profond d'eux-mêmes, et crie à l'aide, demandant aux personnes qu'elles offensent de leur pardonner, leur soufflant même ce que l'esprit méchant s'apprête à faire avec eux contre elles. C'est ainsi que les gens que nous qualifions de méchants avouent par inadvertance les plans machiavéliques qu'ils comptaient exécuter contre nous.

La colère envers les esprits méchants est sainte mais celle dirigée vers les hommes est impure. Dirigez dès aujourd'hui votre colère sur les esprits et non sur les personnes.

Développez l'empathie

L'empathie est cette qualité humaine qui cherche à comprendre l'autre, à se mettre à sa place, et à considérer son vécu. Comprendre quelqu'un qui est connu comme étant faux n'est pas une raison pour devenir faux ou accepter le faux. Il faut travailler à renforcer, dans le même temps que vous vous montrez empathique, vos convictions et valeurs afin d'empêcher les gens connus comme étant faux de les corrompre.

Sans comprendre le mal, vous ne pouvez le combattre. C'est au travers de cette démarche empathique que vous pourrez combattre l'adversaire. C'est qui l'adversaire ? Ce n'est pas celui qui est faux, mais le faux. Combattez le péché, mais pas le pécheur. Prenez toujours le temps de comprendre avant de vous laisser emporter par la colère.

Choisissez la douleur au lieu de la colère

Vous ne pouvez pas revenir en arrière et changer ce qui s'est déjà passé. Acceptez les choses telles qu'elles sont avec les souffrances qui les accompagnent. Ce type de douleur vous forge le caractère et vous fait grandir. Tout compte fait, la douleur passera à condition qu'il s'agisse bel et bien de la douleur qui vient du coup reçu et non celle que vous créez à force de ressasser dans votre esprit l'offense qui vous a été faite.

La colère vient du mécontentement que nous avons vis-à-vis de quelque chose qui s'est passé en en voulant au fait que cela s'est produit. La douleur que je vous convie à prendre sur vous vient du contentement, de l'acceptation de ce qui s'est passé, et contre lequel nous ne luttons plus. Vous avez à choisir entre la douleur et la colère. La douleur n'implique pas forcément la colère, mais la colère donne toujours des douleurs.

Ne parlez à personne de l'offense qui vous a été faite tant que vous ne l'avez pas acceptée, digérée et pardonnée au risque qu'elle suscite en vous de la colère. La colère nous vient lorsque nous avons encore la force de nous mouvoir et que le choc que nous avons reçu de l'offense n'est pas aussi brutal que celui qui nous laisse sans voix et nous fait endurer la douleur en silence. S'il vous reste après l'offense un peu de force, engagez-la à faire des choses constructives au lieu de réagir et d'intensifier votre colère.

Amour

Le manque d'amour est à la base de la plupart des maux qui minent le monde. Il existe deux types d'amour : L'amour d'ordre émotionnel et celui d'ordre spirituel. L'amour d'ordre spirituel est celui qui est inconditionnel, que l'on ne ressent pas en soi avant de l'exprimer à son prochain. C'est un amour qui pousse à aimer les gens malgré tout. Par lui, on aime tout le monde. C'est l'amour divin et non humain. Pour aimer les gens de l'amour divin, il faut pouvoir aimer Dieu d'abord.

« *Tu aimeras le Seigneur, ton Dieu de tout ton cœur* [...] *et tu aimeras ton prochain comme toi-même.* »[14] Il y a une forte corrélation entre l'amour que nous avons pour Dieu, celui que nous avons pour nous-mêmes et celui que nous avons pour les autres. L'amour que nous avons pour Dieu déterminera l'amour que nous aurons pour le prochain et celui que nous aurons pour nous-mêmes. C'est pourquoi le Seigneur dit à Pierre : « *Si tu m'aimes, pais mes brebis (l'église).* »[15]

On ne peut s'aimer ni aimer le prochain si nous n'aimons pas Dieu. Aimer le prochain lorsque nous n'aimons pas d'abord Dieu est un amour charnel et conditionné. L'amour que nous avons pour nous et que nous ne manifestons pas aux autres n'est pas de l'amour. L'amour que nous avons pour les autres est un vrai indicateur, une vraie mesure de l'amour réel que nous avons pour nous-mêmes et pour Dieu.

Respect

En voulant exprimer notre colère, nous pouvons manquer de respect à ceux qui l'ont causée. Il ne doit pas en être ainsi. Réfléchissez à votre réaction. Veillez à accorder malgré toute votre peine le respect à la personne qui vous a offensé et votre colère sera modérée et sainte.

Retirez-vous de la source de la colère

« Un homme violent excite des querelles, Mais celui qui est lent à la colère apaise les disputes. »[16]

N'alimentez pas la colère en restant exposé à sa source, à ce qui l'a générée. N'expliquez pas aux gens ce qui s'est passé tant que vous n'avez pas encore digéré l'offense et que la tension est encore là. En cherchant à se défendre sur le sujet, on amplifie le problème et notre colère augmente.

Attendez que tout soit calme avant de revenir à la charge. Il faut se retirer du champ du conflit et se taire bien qu'on ait raison. Ce qui n'est pas de la faiblesse mais de la force.

Répondez avec douceur

« Une réponse douce calme la fureur, mais la parole dure excite la colère. »[17]

La parole dure n'est pas que celle qu'on nous adresse mais aussi ce que nous nous disons intérieurement, en réponse à une offense qui nous est faite. Lorsque vous êtes offensé, dites-vous d'une manière douce : « je me calme ». La parole que vous dites ou la réaction que vous avez à la suite de l'offense qui vous est faite déterminera si vous serez en colère ou non.

La réponse douce ou la parole dure, ce n'est pas seulement ce que l'on se dit lorsqu'on est offensé ; c'est aussi ce que l'on répond à celui qui nous a offensé. La réponse que vous lui donnerez vous calmera ou vous enflammera.

Surprenez celui qui vous a offensé en lui donnant une parole pleine d'amour ou en ayant une réaction affectueuse à son égard. En le faisant, c'est en premier à vous que vous le faites et non à lui.

Ne prenez pas plaisir à la rivalité ni aux querelles. Il n'y a aucune gloire dedans. Sortez de là !

CHAPITRE 6

DOMPTER LA PEUR

Napoléon HILL disait : « La peur paralyse la raison, détruit l'imagination, tue la confiance en soi, mine l'enthousiasme, décourage l'initiative, conduit à l'incertitude et pousse à l'hésitation. Elle efface tout le charme d'une personnalité, détruit toute possibilité d'une pensée juste, détourne toute concentration vers l'effort. Elle vainc la persévérance, annihile la volonté, écarte toute ambition, obscurcit la mémoire et engendre l'échec. Elle tue l'amour et assassine les plus beaux sentiments, décourage l'amitié, attire le désastre sous des centaines de formes, conduit à l'insomnie, à la misère et au malheur. »

La bonne nouvelle est qu'il est bien possible de dompter la peur. Pour renverser la tendance et prendre l'ascendance :

Réalisez votre grandeur devant toute peur

La peur nous présente ce qui ne s'est pas encore passé et qui peut même ne pas se passer. La chose n'est pas encore, elle est à l'état du néant jusqu'à ce qu'elle ne se produise. Par contre vous, vous existez déjà ; ce qui vous donne une avance et un avantage sur ce qui vous fait peur.

Parlez à la montagne

Toute chose que vous voyez dans ce monde physique a d'abord des fondements spirituels. C'est à partir de ces fondements que nous pouvons les changer et les déplacer. Pour améliorer par exemple le rendement d'un arbre, on ne touche pas à ses branches, mais plutôt à ses racines, en déposant juste à la surface du terreau qui descend en profondeur sous l'action de l'eau. La parole que nous prononçons est ce terreau qui sert d'écho dans le monde spirituel.

Les seules forces de nos montagnes sont celles que nous leur donnons, en entretenant les pensées et les paroles qui tendent à les développer. Vous les dépouillerez de leurs forces quand vous commencerez à parler contre elles. Retenez le principe suivant : celui qui parle a de l'autorité. Tout a été fait par la parole. Vous avez également le pouvoir d'influencer votre monde (votre vie) par vos propres paroles.

« *Si vous aviez de la foi comme un grain de sénevé, vous diriez à cette montagne: Transporte-toi d'ici là, et elle se transporterait; rien ne vous serait impossible.* »[1]

Vous êtes-vous déjà surpris en train de reprendre courage juste en entendant quelqu'un vous motiver par ses paroles ? Entendre les paroles de foi que vous confesserez, vous remplira de hardiesse pour déplacer les montagnes qui se dressent devant vous.

Devant l'adversité, ne vous taisez pas. Parlez ! Avant que n'éclate la guerre, les parties protagonistes échangent entre elles de violentes paroles comme pour déstabiliser l'adversaire. Il s'agit en effet des préludes à la guerre. Vous avez plus de chance de gagner le combat physique quand vous remportez la guerre des paroles et des pensées.

Contrôlez votre langage

La parole a un pouvoir créateur. Elle amène à manifestation les choses que vous appelez à l'existence. Aussi, détermine-t-elle l'état dans lequel vous vous trouvez, qui peut être, favorable à la peur ou non. Commencez déjà à bannir les expressions de peur et d'incapacité de votre langage.

Quand vous dites « Un lion », vous voyez l'image du lion dans votre esprit. Quand vous dites : « J'ai peur », votre esprit conceptualise et crée des images de peur en vous. Quand vous dites : « je ne peux pas », cela sape, dérobe de votre esprit toute image de possibilité. Dites sur une longue période : « j'ai faim » et vous verrez qu'au bout d'une demi-heure environ, vous ressentirez la faim.

Dans ce cas, quand vous ressentez la peur, décrétez des paroles de confiance et d'assurance pour en éloigner les traits enflammés. N'ouvrez plus à la peur les portes de votre cœur par les paroles empreintes de peur.

Norman Vincent PEALE appuie ces pensées en disant : « Les mots que nous utilisons exercent un effet direct sur nos pensées. Certes, la pensée crée les mots, agents transmetteurs d'idées, mais les mots influencent également la pensée et aident à modifier sinon à créer, les attitudes. En fait, la pensée émerge souvent de la parole. Par conséquent, si vous faites attention à la nature des mots que vous utilisez dans vos conversations, celles-ci engendreront spontanément des idées apaisantes. »

Occupez l'esprit

En guerre, le premier atteint est celui dont on repère le plus facilement la position. Il faut donc être mobile afin que l'adversaire ne sache dans quelle direction tirer sa balle. De la même manière, quand vous êtes là à ne rien faire, vous donnez l'air de quelqu'un dont les pieds et les mains sont liés. La peur vous localise alors plus facilement et vous embrase. Elle vient de la perte de temps et de l'inaction.

Quand la peur vous retrouvera donc en train d'agir, elle se retournera loin de vous. Menez des activités qui vous font surtout parler et réfléchir, et qui demandent de la concentration. L'énergie coule et les sentiments sont créés là où l'attention est dirigée. De ce principe, nous pouvons déduire que la peur vient de la focalisation sur les risques. Quand vous détournez le regard des risques, la peur s'envole loin de vous. Pour anticiper sur la peur, occupez d'avance votre esprit à quelque chose de motivant. Dans un processus qui comporte deux étapes, la peur vient pour vous empêcher d'accomplir la première étape et par conséquent d'atteindre la deuxième. Elle vient au moment où vous devez faire quelque chose dont le temps a sonné. Vous sentirez donc la peur monter en vous lorsque le top chrono pour démarrer la première étape est lancé. Dans ce cas, je vous recommande, si cela est faisable, de commencer à suivre le processus à partir de la deuxième étape, celle à laquelle n'est encore associée aucune peur.

Apprenez ainsi à avoir une longueur d'avance en faisant plus tôt les choses complexes qu'il vous serait difficile de faire en état de peur et faites les choses simples que vous maîtrisez quand vous avez peur ou êtes sous pression. Devancez aussi la peur en vous mettant en action lorsque vous n'avez pas encore peur ; lorsque la peur surviendra, il serait trop tard pour elle.

Pour vaincre la peur, nous pouvons retenir ici deux secrets : (1) brûler les ponts derrière soi pour ne pas penser à faire marche arrière, abandonner, ce qui est un des buts de la peur. Brûler les ponts derrière soi, c'est fermer la porte à toutes les opportunités qui nous amèneraient à renoncer à l'objectif que nous poursuivons ; (2) construire de nouveaux ponts devant soi. C'est ouvrir nos portes à toutes les opportunités qui nous obligeraient ou nous contraindraient à poursuivre l'atteinte de l'objectif.

Quand vous ne pouvez pas aller du début à la fin, évoluez de la fin vers le début. En passant d'abord par la seconde étape au lieu de la première, vous devancez la peur et vous lui ravissez son but ultime qui est de vous empêcher d'atteindre la fin.

Veillez à mettre de l'ordre autour de vous

L'ordre est un principe qui soutient le monde physique et spirituel. Le désordre qui vous entoure dans le monde physique a ses représentations dans votre esprit. L'ordre crée le confort et donc la paix. Le désordre crée un sentiment d'inconfort et de peur en vous.

Veillez à mettre de l'ordre dans votre environnement en ce qui concerne la disposition des choses. Vous pouvez donc penser à mettre de l'ordre dans vos comptes pour en connaître l'état afin que tout soit clair car l'inconnu ou l'incertitude crée la peur. Pensez également à mettre de l'ordre dans vos pensées.

Ne donnez pas place à des émotions similaires

Toute émotion négative entraîne une autre émotion de la même nature. La haine, la colère et la jalousie peuvent entrainer la peur. Faites donc très attention à tout mauvais sentiment qui peut être une porte d'entrée à la peur dans votre cœur.

Criez plus fort que la peur

Criez plus fort que la peur et vous ne l'entendrez plus. Quand le sentiment de peur tend à paralyser vos membres, c'est le moment de bouger. Quand elle affaiblit votre voix, haussez le ton, criez !

Soyez positif

La peur vient des mauvaises pensées, des pensées négatives. Pour y remédier, il faut nourrir votre esprit de pensées positives. Il s'agit d'être optimiste, de voir le bon côté des choses, tout en faisant aussi preuve de réalisme. Il s'agit de relativiser et de comprendre que même les mauvaises choses peuvent concourir à votre bien.

Aussi est-il que vous devez rechercher les bonnes choses cachées derrière les mauvaises, car depuis que l'homme a choisi de consommer le fruit de l'arbre de la connaissance du « bien et du mal », toute chose sur terre s'est alors muée en « bien et en mal ». Le bien tout comme le mal est donc caché ou visible.

Voyez à partir d'aujourd'hui dans la difficulté, le moyen de devenir meilleur et non de vous faire souffrir. Toutefois, pour être en droit de s'attendre à un retournement de circonstance, à vivre le bien au travers du mal, il vous faut être quelqu'un de bien. Quand vous l'êtes alors ne vous en faites pas par rapport aux choses qui vous entourent et semblent vous faire mal ; car c'est un mal nécessaire à votre bonheur.

Soyez imprégné par le rêve

Quel est le sentiment qui est prépondérant en vous? Celui-ci est d'avance gagnant. Ceux qui triomphent de la peur sont des gens qui sont tellement passionnés par le rêve et le résultat qu'ils ne ressentent même pas la peur. La passion dévore la peur. C'est pourquoi vous devez apprendre à faire les choses que vous aimez et non celles que vous êtes contraint de faire.

Quand vous aimez ce que vous faites, la peur n'a pas raison de vous. La peur embrase les personnes superficielles quant à ce qu'elles veulent faire. La passion, quant à elle, est comme un bouclier, ou un gilet pare-balles. Elle repousse et protège votre cœur des flèches et des balles de la peur.

Il y a des sentiments qui doivent être à leur état de plénitude. Quand ce n'est pas le cas, d'autres viennent dans un état de plénitude pour vous remplir. Quand vous n'êtes pas débordé de passion, c'est la peur qui vous sature. Vous remarquerez que la peur qui empêche l'homme d'agir n'est pas une simple peur. Elle est d'une très forte intensité. Elle vient dans un état de plénitude. De même, la passion est un sentiment dont vous devez être rempli.

Qui dit passion, dit plénitude. On n'est pas passionné à moitié. Par votre passion (amour), vous ne laisserez aucune place à la peur. L'amour bannit la crainte. Quand vous faites ce que vous aimez, la passion qui vous anime pour cette chose se multiplie.

Quand vous êtes passionné par quelque chose, vous êtes prêt à faire de très grands sacrifices pour le voir se réaliser. Si vous ne vous êtes pas encore sacrifié pour votre succès, faites-le ; car la peur embrase les personnes non décidées et non prêtes à aller jusqu'au bout. Il faut que les voix de vos sacrifices parlent et crient plus fort que celles de la peur.

Changez-vous les idées

Amusez-vous, passez à quelque chose d'amusant pendant que vous ressentez la peur. Cette pause servira à disséquer chaque pensée de peur en vous. Pendant que vous passez à autre chose, vous développerez de nouvelles pensées qui se grefferont chacune à chaque pensée de peur que vous aviez développée.

En se greffant aux pensées de peur, ces nouvelles pensées les absorberont de leurs forces. Aussi, serviront-elles à distancer chacune des pensées de peur entre elles. Ce qui les rendra donc désorganisées et désunies entre elles.

Soyez en phase

Il s'agit d'être en phase et en harmonie avec les personnes qui nous entourent, et qui sont celles avec lesquelles nous devons interagir. Si nous devons par exemple interagir avec la foule, apprenons à le faire avec quelques personnes qui présentent les mêmes caractéristiques, les mêmes traits que la foule. La qualité de votre interaction avec un individu isolé de la foule déterminera la qualité de votre relation avec la foule.

Être en phase avec quelqu'un, c'est aussi l'accepter tel qu'il est et ne pas le condamner pour ce qu'il est. C'est après l'avoir accepté tel qu'il est que nous pouvons prétendre lui apporter notre valeur individuelle. Il ne s'agit pas d'être comme la personne mais de l'accepter pour ce qu'elle est. L'ambiance conflictuelle qui règne entre nous et les autres crée la peur. Si vous regardez la foule avec dédain, vous prédisposez votre esprit à la peur et à la tension.

Être en phase avec quelqu'un, c'est ne pas avoir des ressentiments contre ce dernier, mais lui pardonner ; et si c'est vous qui avez tort, vous devez demander pardon. Ceci vous aidera à être en phase avec les autres et à être donc en déphasage avec la peur.

Le conflit que vous avez vis-à-vis d'une personne A, peut interférer dans votre relation avec une personne B et créer ainsi le sentiment de tension et de peur. Veillez donc, avant d'aller interagir avec des gens qui vous sont inconnus, à être en de bons termes avec les personnes qui vous sont familières et à leur pardonner.

Il vous faut aussi être en phase avec vous-même. Il faut que ce que vous dites soit conforme à ce que vous faites et inversement. C'est l'intégrité. L'intégrité vous donne la paix intérieure et vous prédispose à être en harmonie avec les autres. L'état de paix intérieure auquel elle vous prédispose est exempté de peur.

Équilibrez la balance tripartite de votre être entier

L'homme est un être tripartite. « *Que tout votre être, l'esprit, l'âme et le corps, soit conservé irrépréhensible.* »[2] La peur résulte essentiellement de l'âme qui est définie comme étant le centre de vos émotions et désirs. Vous devez comprendre que vous n'êtes pas une âme, ni un corps. L'homme est un esprit qui vit dans un corps et qui possède une âme. Quand vous ressentez plus votre âme que votre esprit, c'est qu'il y a un problème. Votre âme doit ressentir ce que ressent votre esprit.

Éveillez la voix, le poids, la consistance de votre esprit par la prière constante. Fermez pendant un certain temps les yeux afin de vous concentrer sur votre esprit et non sur ce qui vous entoure, et vous vous verrez rempli de force et libéré de la peur. Il vous faut en outre ressentir votre corps. Je vous recommande dans ce cas de faire du sport, ce qui vous permettra d'éveiller les membres de votre corps. Par cet éveil de votre corps et de votre esprit, vous ressentirez moins les expressions de votre âme.

Visualisez les sentiments désirés inonder votre âme

Fermez les yeux en vous voyant être rempli d'émotions de paix, de joie, et de confiance. Vous verrez au cours de cet exercice ces émotions prendre forme et place en vous et la peur disparaître progressivement.

Faites la paix avec vos échecs passés

Nos peurs d'aujourd'hui résultent de notre passé et des échecs connus. Pour faire la paix avec ceux-ci, il faut déjà accepter ce qui s'est passé. Accepter ce qui s'est passé, c'est dépasser le stade du regret. Accepter quelque chose, c'est être à l'aise vis-à-vis de cette chose. C'est pouvoir en parler de manière délibérée et décontractée. Si vous voulez faire la paix avec votre passé, parlez de tout ce qui s'y trouve de sombre, jusqu'à ce que vous soyez à l'aise avec.

Pour faire la paix avec ses échecs passés, il faut se pardonner les fautes qui les ont occasionnées, tout en se disant que l'on a droit à l'erreur. Notons en ce qui concerne l'échec, la pensée de Paul MCKENNA qui dit : « Les gens n'échouent pas ; ce sont les stratégies, les tactiques et les plans qui échouent ». Vous n'avez même pas le droit de vous juger ou de juger une autre personne ; alors ne vous culpabilisez plus. C'est une prérogative de Dieu. Lorsque vous faites involontairement le mal, votre devoir est de reconnaître et de confesser vos fautes.

Il faut aussi tirer des leçons de votre passé. Vous êtes prêt à passer à autre chose quand vous tirez des leçons. Essayez d'identifier les causes réelles de vos échecs et agissez en conséquence les prochaines fois. Quand vous ne tirez pas de bonnes leçons de vos échecs ou situations négatives, votre subconscient se formule de mauvaises leçons qui, vous prédisposent à avoir peur les prochaines fois.

Ne vous méprenez pas avec la première peur

La première peur que vous ressentez n'est en fait pas réelle. Elle est un test et en même temps une illusion. Si elle réussit à vous émouvoir, c'est alors que la vraie peur vous envahira. La première peur est comme un espion envoyé pour savoir s'il faut prendre d'assaut un pays à l'instant ou après. C'est comme un chien qui fait semblant de courir après vous et qui, au moment où il s'aperçoit que vous avez peur, fonce sur vous. Moquez-vous de cette peur car, à présent, vous connaissez ses agissements et sa procédure d'invasion.

Changez de visuel

La peur vient du fait que vous voyez dans votre esprit une image que vous redoutez. Il est possible de remplacer cette image en portant votre regard sur une image qui se trouve dans votre environnement ou que vous créiez dans votre esprit une autre image qui vous met en confiance.

Changez de son

La peur vient aussi du fait que vous entendez dans votre esprit des sons que vous redoutez. Vous pouvez en lieu et place de ce que vous entendez dans votre esprit écouter des messages apaisants et motivants tels que la Bible audio. En les écoutant, vous n'entendrez presque plus ces autres voix que vous redoutiez.

Concentrez-vous

Lorsque nous n'instaurons pas l'ordre surtout au niveau des pensées, nous assistons à un vrai désordre. Lorsque nous ne nous imposons donc pas ce que nous voulons penser, nous nous retrouvons dans un marché de pensées constitué de pensées désordonnées entre elles. Si on devrait les jouer comme sur un lecteur de disque, on s'entendrait divaguer. Pour penser à ce que nous voulons, il nous faut un temps de concentration pendant lequel nous nous focalisons sur les pensées que nous voulons avoir, et en nous détournant autant que possible des pensées non désirées. Pour vous concentrer, vous avez besoin de silence. Norman Vincent PEALE dit au sujet du silence : « La pratique du silence est un autre moyen de connaître le repos de l'esprit. » Il ajoute à titre de recommandation que : « Tout le monde devrait faire une cure de silence de quinze minutes (au minimum) par jour. »

Vous avez aussi besoin pour vous concentrer d'être en train de réaliser l'objet de la pensée sur laquelle vous voulez vous concentrer. Si vous voulez concentrer vos pensées sur votre famille, vous pouvez quitter le milieu où vous êtes et aller passer du temps avec elle.

Libérez-vous de la peur d'être désapprouvé par les autres

Nous serons unanimement d'accord pour dire si la question nous est posée que l'égoïsme est le problème majeur voire principal de notre société. Il s'exprime de plusieurs manières comme à l'occasion où nous nous interrogeons de savoir ce que les autres penseront de nous si nous faisons telles choses.

Pour vous libérer de l'habitude qui consiste à vous demander ce que les gens penseront de vous, il vous faut apprendre à écouter et à considérer ce que vous pensez. Une seule question suffira pour vous ramener à l'ordre et rassurez-vous, c'est vous-même qui vous la poserez. A chaque fois que vous vous retrouverez confronté à la question de savoir ce que les gens penseront de vous quant à une décision à prendre ou à une chose à faire, calmez-vous un moment et demandez-vous sincèrement ce que vous pensez vous-même de cette chose.

En le faisant régulièrement, vous en viendrez à un niveau où vous ferez plus attention à ce que vous pensez de vous-même. Plus vous êtes conscient de ce que vous pensez (de vous-même), moins vous serez conscient de ce que les gens pensent (de vous). Prendre conscience de ce que vous pensez est juste le premier pas. Il faut ensuite faire l'expérience de ce que vous pensez en le traduisant en actions pour voir ce qu'il en est réellement.

Cela vous permettra d'être plus conscient de ce que vous pensez et aussi de vous remettre en question. Vous devez en effet vous remettre en question pour vous ajuster. C'est en le faisant que vous découvrirez vos erreurs ; ce qui vous permettra de renforcer vos croyances et de les rendre encore plus solides. En découvrant vous-même vos erreurs et imperfections par cette démarche de remise en question, vous commencerez à voir les choses de l'extérieur telles qu'elles sont réellement et comme les autres (ceux dont vous recherchiez autrefois l'approbation) peuvent les voir.

Nous nous posons la question de savoir ce que les autres penseront de nous parce que nous voulons leur plaire. Votre quête ne devrait pas être de plaire aux gens mais de vous parfaire en devenant meilleur. Chercher à plaire sous-entend vouloir montrer que l'on est parfait. Ce qui n'est pas vrai. Ne vous mettez pas sous ce joug et ne laissez personne vous l'imposer. En voulant plaire aux gens, vous vous protégez et fuyez alors les erreurs et les occasions qui vous sont utiles pour vous parfaire. Votre devoir n'est pas de plaire aux gens mais à part vous parfaire, il est de les satisfaire en répondant à leur besoin.

Lorsque je vous demande de me situer sur les personnes dont vous vous inquiétez du jugement, vous pourrez vous empresser de m'indexer certaines personnes. Et là, je pourrai vous dire que vous êtes dans l'erreur. Ce que je viens de vous répondre vient sûrement de vous intriguer et ce que je m'apprête à ajouter vous intriguera probablement plus. En réalité, lorsque vous vous demandez ce que les gens penseront de vous, vous êtes indirectement préoccupé par ce que pense de vous un démon, un esprit malintentionné qui se déguise dans votre esprit sous l'image de ceux dont vous voulez avoir l'estime ou la validation.

Un tel esprit agit dans l'ombre et comprendre ses voies peut vous permettre de vous libérer de ses agissements. Nous lui ouvrons nos portes quand nous devenons victimes des personnes manipulatrices, qui sont sous son emprise et qui cherchent à tout prix à être maîtres de nous.

A chaque fois que vous vous poserez la question de savoir ce que les gens penseront de vous, comprenez que vous avez affaire à un être d'une race inférieure à la race humaine, qui cherche à vous maintenir inférieur vis-à-vis de lui. Il vous insuffle cette question et inspire les autres à y répondre par des critiques et oppositions. Vous serez critiqué de toutes les façons, que vous fassiez le bien ou le mal ; autant choisir d'être critiqué pour ce qui est bien. Il serait alors plus avantageux pour vous d'essayer des choses plus grandes que celles normales ou ordinaires.

Le chemin de l'échec, c'est la voix de la foule et celui de la réussite, c'est celle de son cœur. L'histoire suivante présente quelques cas de figures illustrant parfaitement le fait que vous serez toujours critiqué.

« Assis, sa femme et lui sur un âne, un monsieur s'est vu repris par un groupe de personnes parce qu'ils étaient montés à deux sur l'âne qu'on qualifiait de trop petit. La femme du monsieur s'est empressée de descendre de l'âne pendant que l'homme était resté dessus, et ce même groupe a qualifié l'homme de pas du tout galant. Quand celui-ci a laissé la place à sa femme pour marcher, ils l'ont vu comme un esclave au service de son maître et se sont dit qu'il est sûrement sous les ordres de la femme. Quand ils ont alors décidé tous deux de marcher avec l'âne, ils les ont traité d'inintelligents. »

Cet esprit veillera à ce que vous ne soyez pas loin ou différent de ceux en fonction de qui vous vous évaluez et dont vous recherchez la validation. Il s'agit là d'une loi de la vie dont il fait usage et que vous pouvez aussi utiliser à votre avantage en faisant en toute conscience le choix des personnes en fonction de qui vous allez vous évaluer. Veillez à ce que ces personnes soient des gens qui réussissent et évoluent dans leur vie. Si vous faites bien attention, vous remarquerez que les personnes qui sont sous l'emprise de cet esprit malveillant ne connaissent pas de progression, elles ont du mal à avancer. Ces personnes dont nous recherchons la validation, et qui peuvent être de nature très dominante, sont des gens qui généralement connaissent beaucoup de choses mais qui, malgré leurs connaissances, ont du mal à avancer. Lorsque vous commencez à vous préoccuper de ce qu'elles pensent de vous, vous vous mettez involontairement à leur niveau et éprouvez vous aussi du mal à avancer.

L'autre moyen pour se libérer de cette mauvaise influence est de rechercher et non de fuir ce que les gens pensent de vous pour en tirer des conseils utiles. La liberté se gagne par le combat et non la fuite. Vous n'en serez pas libéré si vous devez les éviter ou les rejeter. Ce qu'il convient plutôt de faire est de trouver le moyen de les transformer en bénédictions, en vous en inspirant par exemple.

Dès que c'est fait, vous vous verrez ne plus craindre ce que les gens penseront de vous. Mais bien avant de rechercher à savoir ce que les gens pensent de vous, il vous faudrait en savoir suffisamment sur vous-même. C'est lorsque nous ne savons pas et ne sommes pas conscients de qui nous sommes que nous redoutons la manière dont les autres nous voient.

Faites exprès de rester incompris dans certains cas aux yeux de la foule. En vous justifiant, vous augmentez le pouvoir de l'influence des autres sur vous. En cas de nécessité, vous pouvez vous expliquer mais ne vous justifiez pas.

S'expliquer, c'est dire les choses telles qu'elles sont alors que se justifier, c'est dire les choses dans le but de se défendre du jugement des autres et de les convaincre qu'on a raison. Lorsqu'une personne livre son mode de pensée ainsi que ses plans par les justifications qu'elle apporte, l'ennemi comprend vite son jeu et peut alors l'atteindre en quelques fractions de seconde.

Vous devez alors travailler à être une personne mystère. Pour ce faire, il vous faudra travailler votre personnalité. Nous distinguons quatre (04) « profils de personnalité » à savoir les rouges (colériques), les jaunes (sanguins), les verts (flegmatiques) et les bleus (mélancoliques). Ils sont encore désignés respectivement par les qualificatifs « dominant », « influent », « stable », « consciencieux ». Chacun d'eux est représenté en nous. Il y en a qui y sont dominants et d'autres faibles.

L'une des finalités du développement personnel est d'amener ceux d'un niveau faible à un niveau dominant et de faire monter ceux supposés déjà dominants à un niveau encore plus élevé. Pour en savoir plus sur les « profils de personnalité », je vous recommande de lire « *Personnalité Plus : Comprendre les autres en se connaissant soi-même* », un livre écrit par Florence LITTAUER.

Il n'existe pas de plafond ou de niveau maximal qu'un trait de caractère devrait atteindre. L'amour de Dieu est éternel, sans limite.[3] Si nous sommes créés à l'image de Dieu, c'est que nous avons le caractère de Dieu en nous. On y fait allusion dans les saintes écritures en termes de :

« fruit de l'Esprit ». « *Mais le fruit de l'Esprit, c'est l'amour, la joie, la paix, la patience, la bonté, la bénignité, la fidélité, la douceur, la tempérance.* »[4] Si l'amour continue d'être en nous, bien qu'à de nombreuses occasions, il a reçu de nombreux coups, c'est parce qu'il s'agit d'une semence éternelle dans le temps, sans limite et dont le processus de maturité est sans fin.

« *Persévérez dans l'amour* ».[5] Nous comprenons de cette recommandation qui nous est faite que le développement de l'amour ainsi que d'autres traits de caractère qui émanent de Dieu sont sans fin. C'est la raison pour laquelle la vie nous soumet à des épreuves qui ont pour but de développer les caractères que nous avons déjà.

Par exemple, le niveau de courage qu'il faudrait à quelqu'un pour parler devant un auditoire de cinq personnes n'est pas le même que celui dont il aurait besoin pour parler à cinq mille personnes. Bruce LEE dit quelque chose de formidable : « Je suis heureux parce que je grandis chaque jour et je ne sais pas, honnêtement, où sont les limites. »

Au lieu de laisser les gens vous dire ce qu'ils pensent que vous êtes, dites-leur d'avance qui vous êtes. Ceci vous épargnerait beaucoup de combats. Ceux qui redoutent l'avis des autres sont au fait pris entre les mailles du chantage.

On leur a certainement dit dans leur enfance : « Si tu fais ceci, alors tu n'es pas gentil ou si tu fais cela, alors tu es gentil. » C'est ainsi que leur personnalité a été construite sur ce que les gens pensent d'eux. La prochaine fois que vous serez en train de faire la connaissance d'une personne et qu'elle vous dira par exemple : « Je n'aime pas les personnes exigeantes » et que vous êtes quelqu'un d'exigeant, dites à votre nouvel ami que vous êtes quelqu'un d'exigeant et que vous pouvez parfois l'être à l'extrême.

Cette dernière précision vous accordera la latitude d'être en sa présence et envers lui, celui que vous êtes réellement. Assumez ce que vous êtes, car si vous ne lui dites pas en ce moment ce que vous êtes, vous chercherez à l'avenir à éviter d'être « vous-même » devant cette personne pour ne pas la décevoir.

Les hommes vous oublieront en fin de compte si vous faites attention à ce qu'ils pensent de vous. Vous remarquerez que plus vous faites attention à ce que les gens pensent de vous, moins ils feront attention à vous. Ils n'oublient par contre jamais les personnes qui les étonnent en faisant des choses qu'ils sont les premiers à critiquer. A vous donc de voir.

Cultivez le sentiment de courage

Le courage est la force qui vous pousse à l'action lorsque la peur tente de vous convaincre d'abandonner. A chaque fois que vous vous engagez à passer à l'action malgré la peur que vous ressentez, vous faites croître votre niveau de courage. Ainsi, vous acquérez plus de courage et ressentez moins de peur les fois à venir. Emerson dit à ce propos : « Faites ce qui vous effraie, c'est le meilleur moyen de tuer la peur. »

Prenez garde à votre posture et à vos gestes

Toute posture ou geste que vous adoptez est inspiré par une pensée ou une émotion. Les pensées ou les sentiments que vous avez vous feront faire certains gestes ou prendre une certaine posture. Ce qui ne s'arrête pas là.

La posture ou le geste nouvellement créé renverra à son tour un message à la pensée ou à l'émotion qui l'a engendré et le transformera, et ainsi de suite. Il s'agit là d'une communication bilatérale, dans les deux sens. Il résulte de cette communication le passage d'une forme à une autre de nos pensées, émotions, postures et gestes.

Quand vous vous tenez droit, vous vous adressez indirectement le message suivant : « J'ai le contrôle ! » Quand vous êtes affaissé, le message qui est perçu par vous est : « J'ai perdu le contrôle ! »

Gardez la bonne posture, faites de grands gestes et vous aurez un arrière-gout de puissance que vous ressentirez ! La peur volera alors en éclats au contact du message de confiance et de puissance que lui renverront vos gestes et postures.

Paul MCKENNA le soutient en disant : « Des changements dans notre posture, dans notre respiration, dans la tension de nos muscles et dans l'expression de notre visage ont tous des effets sur nos sentiments et notre comportement. »

Recherchez l'avis de personnes compétentes et dignes de confiance

Questionnez des personnes qualifiées dans le domaine de ce que vous vous apprêtez à faire pour vous instruire davantage et pour comprendre la chose dans toutes ses dimensions possibles. Si elles vous encouragent de vous lancer, alors tant mieux pour vous. Si elles vous disent que c'est impossible, demandez-leur le pourquoi et tenez-en compte sans oublier que ce qui est possible aujourd'hui ne l'était pas hier.

Autrefois, avoir un avion dans les airs était impossible, mais les hommes ont travaillé à le rendre possible. Napoleon HILL et Clement STONE disent quelque chose qui certainement va vous inspirer: « Lorsqu'on vous affirme que quelque chose est impossible, faites l'impossible pour le réaliser. »

Écoutez les personnes qui vous connaissent de manière intime, très proche. Ne vous fiez pas à la foule qui ne voit qu'un aspect de votre personne et non l'intégralité. Si vos proches vous trouvent capable alors tant mieux. Si non, dites-vous que le meilleur est enfoui en vous, qu'ils ne le connaissent pas encore et travaillez à le manifester.

Notons que dans l'ensemble, certaines personnes n'ont pas confiance en elles-mêmes, et par conséquent ne font pas confiance aux autres. Ne voyez pas toujours l'opinion des autres à votre sujet comme étant quelque chose de personnel.

Sortez de là

Il vous faut vous ouvrir à la critique telle une fleur et en même temps pouvoir vous en éloigner. Ne la subissez pas ! Cela doit émaner d'un choix personnel. Ne vivez donc pas dans un milieu rempli de critiques ou de personnes critiques. Lorsque nous débutons nouvellement quelque chose, la peur vient au rendez-vous et elle hausse le ton pour nous effrayer et nous dissuader d'avancer dans cette direction-là.

Le comble est d'entendre en plus de cette voix, celle des personnes du même environnement que nous, qui au lieu de nous soutenir, nous critiquent.

Beaucoup de débutants finissent par jeter l'éponge à cause des personnes négatives de leur environnement. D'autres ont su quitter momentanément ces milieux pour ne pas abandonner l'objet de leur quête.

Ne commencez donc pas quelque chose dans un milieu hostile, où l'on ne croit pas en vous. Jésus quitta sa patrie pour une terre étrangère parce qu'il n'y était pas célébré.

« *Quand le sabbat fut venu, il se mit à enseigner dans la synagogue. Beaucoup de gens qui l'entendaient étaient étonnés et disaient : D'où lui viennent ces choses ? Quelle est cette sagesse qui lui a été donnée, et comment de tels miracles se font-ils par ses mains ? N'est-ce pas le charpentier, le fils de Marie, le frère de Jacques, de Joses, de Jude et de Simon? Et ses sœurs ne sont-elles pas ici parmi nous ? Et il était pour eux une occasion de chute. Mais Jésus leur dit : Un prophète n'est méprisé que dans sa patrie, parmi ses parents, et dans sa maison. Il ne put faire là aucun miracle, si ce n'est qu'il imposa les mains à quelques malades et les guérit.* »[6]

Faites-vous à l'idée de perdre avant de commencer

Dans tout ce que vous entreprenez, commencez toujours doucement ! Ainsi, s'il arrivait que vous perdiez quelque chose, cela serait très négligeable comparé à ce que vous auriez gagné comme avantage si vous aviez commencé faiblement. Une personne qui n'a rien à perdre est plus redoutable qu'une personne qui a quelque chose à perdre. Rien ne peut l'arrêter. Lorsque cette chose que vous avez commencée va croître et passer à la phase de maturité, vous serez sans crainte quand il s'agira de miser les grandes choses qu'elle aura engendrées.

C'est quand vous commencez grand et avez de grandes choses à mettre en jeu que vous avez peur de les perdre mais si vous commencez doucement et gagnez de grandes choses, vous n'aurez normalement pas à craindre de les perdre. C'est ce que Dieu nous demande de faire. Il fait avec nous de grandes choses à travers les petites et viles choses.

J'ai plusieurs fois entendu des coachs sportifs dire à leur équipe arrivée en finale : « Même si vous perdez, sachez que vous avez été les meilleurs : amusez-vous ! » Le plus important n'est pas vos victoires et échecs, mais plutôt ce que vous faites ; c'est aussi la personne que vous devenez et non ce que vous gagnez. Il est très illusoire d'évaluer sa réussite sur la base des résultats atteints. Les résultats ne sont pas un critère sûr de réussite car ils n'établissent pas toujours la vérité sur les actions et efforts consentis. C'est ce que vous devenez qui est la première vraie mesure de votre réussite, après quoi viennent les résultats.

Votre cœur doit se détacher des premiers résultats, des premiers fruits de ce que vous faites. Dieu a sur ces résultats le pouvoir de décision. C'est fort de cette compréhension qu'Abraham a accepté de sacrifier à Dieu son seul fils Isaac.

C'est après cela qu'il eut plein d'autres fils. Personnellement, j'ai eu du mal à m'en remettre lorsque j'ai perdu toute trace de mon premier livre : « *Rénovation Mentale* », pour lequel j'ai consenti beaucoup de sacrifices ; mais aujourd'hui je comprends qu'il a été le sacrifice payé pour écrire celui que vous lisez en ce moment et bien d'autres à venir.

Gardez bien ceci lorsque vous êtes tourmenté à l'idée de perdre quelque chose dans la vie : **Vous êtes venu sur terre les mains vides et vous en repartirez les mains vides.**

Attaquez la faiblesse de la peur

La peur est un esprit dont la plus grande faiblesse est la peur. Il a ses peurs et l'homme aussi. Il cherche à vous faire peur parce qu'il a peur de vous. Le paradoxe est que l'objet de ses peurs à lui ne se réalise pas parce que, de votre côté, vous nourrissez vos propres peurs. En principe, plus vous lui faites peur, plus vite il vous quittera. Il a par exemple peur que vous agissiez.

Commencez alors à agir et vous le verrez s'enfuir loin de vous. Contrairement à ce qu'il tente de nous faire croire, la peur (sentiment) n'est pas une chaîne mais plutôt un fil qui, scellé à nos pieds, se rompt lorsque nous passons à l'action. « *Et ils montèrent dans la barque, et le vent cessa.* »[7] Le vent, la peur cesseront quand vous passerez à l'action.

Domptez la peur

Il y a deux bouts par lesquels on peut prendre la peur pour la dompter. Le premier est la cause de la peur, et le deuxième, ses conséquences. Il faut attaquer le mal à la racine en identifiant sa cause et en commençant le traitement par là. Ensuite, il faut anticiper sur les conséquences de l'objet de la peur en veillant à ce que cela ne se produise pas. Si par exemple vous avez peur de parler en public parce que vous n'êtes pas doué en la matière, la meilleure des choses que vous puissiez faire serait de vous préparer à cela en vous y exerçant en privé.

Si la mauvaise prestation que vous craignez de faire devrait vous amener à faire un mauvais exposé et à avoir une mauvaise note de classe, veillez à ce que le document à joindre à votre présentation et qui détermine en grande partie la note qui vous sera donnée soit impeccable.

Revoyez votre conception des choses

La peur vient des mauvaises conceptions que nous avons des choses. Pour nous libérer de son influence, il nous faut donc corriger notre manière de percevoir les choses.

Si par exemple, vous avez peur de la mort parce que vous la définissez comme étant la fin de toute chose, je vous répondrai qu'il y a une vie après la mort (à condition d'avoir expérimenté le miracle de la nouvelle naissance, expliqué dans le dernier chapitre).

Si vous avez peur du public parce qu'il s'y trouve des gens critiques, prêts à se moquer de vos erreurs, de vos faux pas, je vous répondrai que de la même manière, il s'y trouve de bonnes personnes, prêtes à vous écouter et à recevoir de vous ce que vous avez à leur partager.

Les armes de la foi et de l'espérance

« *Il leur dit : Pourquoi avez-vous peur, gens de peu de foi ?* »[8]

La peur et l'incrédulité coopèrent ensemble tout comme la confiance (l'assurance) et la foi. La foi vient de la voix de Dieu que nous entendons au travers de Sa Parole Écrite.[9] La méditation de Sa Parole écrite vous aidera à recevoir les Paroles de Dieu propres à vous. Recherchez dans les Saintes Écritures les passages qui abordent le sujet de votre peur. Si vos ressources financières sont en train de diminuer et vous craignez d'en arriver au manque, vous pouvez méditer ce passage qui dit : « *L'Eternel est mon berger, je ne manquerai de rien...* »[10] En le méditant, Dieu lui-même pourra vous donner une interprétation particulière de cette Parole qui augmentera votre foi et changera votre vie.

L'espérance est la foi en l'avenir. C'est cette assurance que vous avez de ce que votre futur sera beau et exempté d'embarras. C'est un témoignage intérieur de paix et de confiance que nous avons dans notre esprit en dépit de nos conditions présentes. C'est de la prérogative de Dieu de la déposer en nous. Notre responsabilité à nous est de la faire grandir en y recourant régulièrement.

Il y a un lien de réciprocité entre la foi et l'espérance : la foi fait grandir l'espérance et l'espérance fait croître la foi. Quand vous vous retrouvez dans une situation de peur chronique, c'est que votre foi a été liée par la peur, mais recourrez en même temps à la force de l'espérance en vous rappelant juste que l'avenir sera beau. Alors, vous verrez votre foi se délier et la peur s'enfuir. L'espérance est toujours là, elle ne disparait jamais.

Familiarisez-vous avec l'inconnu

La peur nous vient de l'inconnu, des choses qui ne nous sont pas familières et que nous sommes sur le point de faire. Nous pouvons nous familiariser avec ces choses sans avoir avec elles aucun contact physique, juste en recourant à l'imagination. Cela se fait en s'imaginant l'inconnu. C'est en le faisant que l'on se familiarise avec lui. Si vous devez vous tenir devant un auditoire composé de personnes que vous ne connaissez pas, prenez le temps de vous le représenter, de l'imaginer dans votre esprit.

Lorsque nous ne connaissons pas quelque chose, nous avons comme réflexe de lui imposer une barrière à ne pas franchir. Cette mesure que nous prenons est l'expression de nos peurs à l'égard de cette chose que nous ne connaissons pas. Nous pouvons donc dire que cette tendance à nous protéger des choses inconnues crée en nous la peur.

Pour ne plus ressentir la peur, il nous faut donc arrêter d'entretenir cette tendance. Ce qui demande donc de prendre et d'adopter une habitude contraire à celle-ci. La nouvelle habitude peut donc être d'aborder les inconnus, de faire des choses inconnues. Les risques sont une forme d'inconnue. Prendre un risque, c'est décider d'affronter l'inconnu, l'incertain. Apprenez donc à prendre des risques.

Si vous devez faire quelque chose que vous redoutez et qui vous est inconnu ou que vous ne faites pas fréquemment, apprenez à vous voir le faire avant de passer à l'acte. Si vous devez par exemple faire une présentation devant un public et que vous n'êtes pas habitué à le faire, vous pourrez vous imaginer d'avance en train de le faire.

Cet exercice vous permettra de voir les gestes et postures appropriés que vous devez utiliser, ainsi que ceux à bannir. En le faisant, vous vous observez et vous vous notez, vous vous coachez comme si vous étiez en face d'un inconnu qui n'est rien d'autre que vous-même. Prenez le temps d'associer à votre film tous les éléments importants : couleurs des chaises, largeur de la salle, vos tenues, etc. Cet exercice de projection vous permettra de savoir ce que vous avez oublié de faire dans votre préparation. A force de visualiser ce film dans votre esprit, vous y découvrirez les scènes que vous n'avez pas prévues et qui manquent à votre scénario. C'est ainsi que vous apprendrez à anticiper sur les imprévus et à ne plus en avoir peur.

Ce n'est rien de nouveau

En vérité, ce que vous qualifiez d'inconnu, qui vous fait peur aujourd'hui est quelque chose qui ne vous est pas nouveau. Il s'agit de la même chose, mais dont la forme est différente de ce à quoi vous êtes habitué, et que vous faites normalement bien. En effet, la loi de la préparation précède toujours celle de la révélation. Avant de vous confronter publiquement à quelque chose, la vie veillera toujours à ce que vous y soyez confronté en privé. Lorsque nous nous préparons pour une chose à venir, nous la faisons sans peur, surtout parce qu'il n'y a aucune récompense directe qui soit associée à cette préparation.

Lorsque ce temps de préparation est passé et qu'il s'agit de montrer au grand jour ce que nous nous sommes préparés à faire, nous pouvons nous surprendre à avoir peur.

A ce moment, Il vous faudra vous rappeler ou identifier les différents défis que vous aviez résolus par le passé, lors de vos entrainements, et qui se présentent à nouveau sous une nouvelle forme. Si vous les avez autrefois résolus, il en sera encore ainsi. David a fait cette identification lorsqu'il disait à Saül : « *Ton serviteur faisait paître les brebis de son père. Et quand un lion ou un ours venait en enlever une du troupeau, je courais après lui, je le frappais, et j'arrachais la brebis de sa gueule. S'il se dressait contre moi, je le saisissais par la gorge, je le frappais, et je le tuais. C'est ainsi que ton serviteur a terrassé le lion et l'ours, et il en sera du Philistin, de cet incirconcis, comme de l'un d'eux, car il a insulté l'armée du Dieu vivant.* »[11]

Soyez plus motivé que la peur

Avant de vous aventurer dans quelque chose, soyez sûr de le vouloir, d'y tenir vraiment. Ne soyez pas un aventurier. Il faut que votre détermination soit plus grande que la peur. Aussi est-il que vous devez veiller à avoir de bonnes motivations, fondées sur les choses qui s'étendent sur le long terme plutôt que sur le court terme.

Inspirez confiance

Il est très important de travailler sur vous. Cependant, travailler sur les autres peut être un moyen parallèle de vous permettre de travailler sur vous-même. Essayez par exemple de donner confiance à ceux qui n'en ont pas ; motivez-les. En le faisant, vous vous identifierez à ceux-ci et alors votre action aura un double impact. Elle servira à leur donner confiance et à vous aussi. Plus vous croyez en vos confrères, plus la confiance que vous avez en vous sera grande.

Cela s'explique par le fait que tout homme a en lui un compte (émotionnel) qui est connecté à celui des autres.

Quand vous ne croyez pas en les autres, vous défalquez en même temps de votre compte le capital de confiance en vous. Quand vous croyez en eux, vous faites un dépôt sur votre compte. En résumé, la confiance en les autres sert de monnaie d'échange pour avoir confiance en soi.

Commencez bien

L'essentiel est de bien commencer. Lorsque vous commencez bien, cela vous procure un encouragement moral qui dissipera vos peurs du moment. Si vous commencez mal, vous serez submergé par la peur jusqu'à la fin de votre prestation. Il vous faut donc bien commencer. Commencez par ce que vous maîtrisez.

Bien commencer, c'est commencer de manière simple. Si vous commencez votre prestation avec la pression qui vous oblige à mettre le paquet, vous vous sentirez obligé de maintenir ce rythme jusqu'à la fin ; ce qui n'est pas toujours donné d'avance. Le mieux est de croître dans votre performance et non de décroître car cela serait plutôt démoralisant.

N'associez votre peur à rien

Ce n'est pas ce que vous avez à faire qui fait que vous avez peur, mais c'est la peur elle-même qui vous fait peur. N'identifiez pas la peur à ce que vous avez à faire sinon vous lui donnerez du pouvoir sur ce que vous avez à faire. En effet, quand vous l'identifiez à quelque chose, vous lui donnez un corps à partir duquel elle pourra vous oppresser.

Sa force est d'être identifiée, associée à quelque chose. C'est comme un chiot qui se cache sous une voiture et qui en raison de la difficulté à lui mettre la main dessus, se sent maître du jeu. Qu'il n'y ait aucune raison qui, bien que pertinente, justifie la présence de la peur en vous.

CHAPITRE 7

DE L'INQUIÉTUDE À LA SÉRÉNITÉ

Écoutez la voix de votre cœur

Quand vous prenez une décision et que vous n'avez pas en ce qui la concerne la paix, cela pourrait signifier que vous avez pris une mauvaise décision. Notons que ce que vous avez décidé peut ne pas être mauvais mais peut, en ce moment précis, ne pas être ce qui convient.

Vous vous demandez probablement comment faire alors la différence entre ce qui est bon pour vous et ce qui ne l'est pas. Si tel est le cas, je peux vous dire que votre conscience ou encore votre boussole intérieure saura vous guider au moment venu, à vous d'être juste attentif.

Ne vous attachez à rien sur terre

Vous devez vous rappeler que vous pouvez perdre à tout moment tout ce que vous avez de plus cher. Lorsque cela se produit dans la vie des gens, on observe généralement deux réponses majeures : le premier cas de figure est celui où la personne se morfond, s'apitoie sur son sort, et est constamment portée vers ce qu'elle a perdu.

Le deuxième cas de figure est celui où la personne considère cette perte avec de la hauteur et avance malgré tout. Lorsque vous choisissez la bonne attitude devant la perte de ce qui vous est cher, cette chose revient à vous si cela est possible ou sous une forme bien meilleure, au-delà de ce que vous avez pu penser.

En regardant vos maisons et tous autres biens que vous possédez, dites-vous que vous pouvez les perdre à tout moment. Répétez-vous cela chaque jour jusqu'à ce que cela devienne évident pour vous.

L'ennemi du bien est le mieux. Si vous perdez aujourd'hui quelque chose, c'est probablement pour que cela soit remplacé par du mieux. La vie a horreur du vide. Sachez donc que ce vide qui s'est créé sera bientôt comblé.

La question à se poser devrait être de savoir par quoi cela serait remplacé. Serait-ce soit par des choses meilleures soit par des choses moins bonnes ? Pour s'attendre à avoir de bonnes choses en remplacement, il vous faut grandir et être meilleur chaque jour. Séparez-vous à chaque fois que vous le pouvez des choses auxquelles vous vous attachez avant que vous n'en soyez séparé de manière subite. Mon ami Ephraïm et sa femme Ghislaine m'ont confié que trois ans équivalent d'après les textes bibliques au temps de maturité. Passer ce temps, les choses que nous avons et qui ont connu trois ans d'existence devraient être changées, c'est-à-dire que nous devons nous en débarrasser. Ils ajoutent que cette séparation permet à l'homme de devenir meilleur que ce qu'il est.

Quand nous parlons de séparation, nous parlons aussi du fait d'arrêter de nous appuyer, ou de nous focaliser sur nos anciennes réussites pour être porté vers de nouvelles victoires. C'est ce que Paul nous recommande de faire lorsqu'il dit : « *Oubliant ce qui est en arrière et me portant vers ce qui est en avant.* »[1]

Rien ne nous appartient sur cette terre. Nous ne sommes que des intendants. Le prédicateur Teddy NGBANDA va plus loin à ce sujet lorsqu'il dit : « C'est un vol que de faire nôtre ce qui nous a été confié. » Notre vie ne nous appartient pas, elle est prévue pour être au service des autres. Vos enfants ne vous appartiennent pas.

Khalil GIBRAN le dit en de ces termes : « Vos enfants ne sont pas vos enfants. Ils sont les fils et les filles de l'appel de la vie à elle-même, ils viennent à travers vous mais non de vous. Et bien qu'ils soient avec vous, ils ne vous appartiennent pas. Vous pouvez leur donner votre amour mais non point vos pensées. Vous pouvez accueillir leurs corps mais pas leurs âmes, car leurs âmes habitent la maison de demain, que vous ne pouvez visiter, pas même dans vos rêves. Vous pouvez vous efforcer d'être comme eux, mais ne tentez pas de les faire comme vous. Car la vie ne va pas en arrière, ni ne s'attarde avec hier. »

« *Affectionnez-vous aux choses d'en haut, et non à celles qui sont sur la terre.* »[2] En ayant les regards fixés sur les choses d'en haut et non sur les choses d'en bas, nous pouvons par exemple passer par des situations accablantes et ne point en être troublés.

C'est ce qu'a expérimenté Pierre lorsqu'il a marché sur les eaux en ayant les regards fixés sur Jésus.[3]

On peut vivre des problèmes sans être en soucis. Ne faites pas d'une loi normale le fait d'être inquiet à cause d'un problème que vous avez. Remettez en question cet automatisme et déprogrammez-le à chaque fois qu'il se met en marche.

Consacrez-vous à la vision qui vous vient d'en haut. C'est la raison pour laquelle vous êtes sur terre. Ne vous laissez pas entraîner par les distractions de ce monde. Si je vous demande de vous remémorer, de ressentir le goût de l'aliment que vous avez avalé hier, vous me direz que c'est impossible.

C'est la même chose avec le délicieux goût que nous procure la vie. Nous vivons pour les plaisirs d'aujourd'hui que nous ne ressentirons plus demain. À l'opposé, vous pouvez revivre en termes de souvenir vos exploits passés qui sont l'objet de votre satisfaction. Si je vous demande de me céder votre vie, quel en sera le prix ?

Vous réaliserez devant les richesses infinies de ce monde qu'aucun prix n'est suffisant pour estimer votre vie. Et pourquoi vous levez-vous chaque matin pour aller travailler dans le but de gagner de l'argent ? Vous bradez votre vie lorsque vous ne lui donnez pas des buts. Ne mettez pas, je vous prie, votre vie en solde. Vivez votre vie pour ce que l'argent ne peut acheter. Vivez pour la raison pour laquelle Dieu vous a créé.

Ne vivez donc pas votre précieuse vie pour l'argent, le luxe, les belles choses car tout cela n'est que vanité. Il faut vraiment arriver à choisir entre le fait d'être rassasié et celui d'être satisfait.

« *Ne crains point, petit troupeau; car votre Père a trouvé bon de vous donner le royaume. Vendez ce que vous possédez, et donnez-le en aumônes. Faites-vous des bourses qui ne s'usent point, un trésor inépuisable dans les cieux, où le voleur n'approche point, et où la teigne ne détruit point.* »[4]

Que votre cœur ne soit attaché à rien. Moïse a jeté la verge et elle s'est transformée en serpent[5]. Nous pouvons en déduire que ce que nous gardons sur nous prend notre nature et devient parfait à nos yeux.

C'est pourquoi il faut faire très attention à ce que nous aimons et gardons près de nous. Les choses les plus susceptibles d'être dangereuses sont les plus proches de nous, jusqu'à ce qu'on décide de s'en séparer. Pour s'en préserver, il faut prendre les choses avec désintéressement, ne pas s'y affectionner de tout son être car alors, nous les verrons telles qu'elles sont. C'est en abandonnant certaines choses que nous découvrons ce qu'elles sont vraiment.

Quand nous sommes déjà attachés à des choses, nous devons prendre des distances vis-à-vis d'elles, nous en séparer momentanément pour mieux les voir telles qu'elles sont réellement.

Séparez-vous de ce que vous avez et qui vous donne des inquiétudes. Si votre œil devient pour vous une occasion de chute, de trouble, séparez-vous-en. Séparez-vous de ce qui est superflu et ayez avec vous ce qui est nécessaire, et dont vous avez réellement besoin.

Épargnez-vous de prendre des choses qui s'usent en peu de temps. Misez sur la qualité et sur le long terme. Recherchez également des amis de qualité, ceux qui ne seront pas pour vous des sources de problèmes et des objets d'inquiétude. Travaillez avec les professionnels et non les amateurs.

Quand vous êtes contraint de travailler avec des amateurs, veillez à ce qu'ils aient tout au moins un bon caractère et la volonté de se perfectionner. En ce qui me concerne, j'ai vu mon père engager un maçon non professionnel, qui lui a donné tous les soucis de ce monde ; au lieu d'un professionnel qui lui serait revenu en fin de compte moins cher.

Apprenez à ne rien prendre pour acquis

« Voici ce que je dis, frères, c'est que le temps est court; que désormais ceux qui ont des femmes soient comme n'en ayant pas, ceux qui pleurent comme ne pleurant pas, ceux qui se réjouissent comme ne se réjouissant pas, ceux qui achètent comme ne possédant pas, et ceux qui usent du monde comme n'en usant pas, car la figure de ce monde passe. »[6]

Ne soyez pas au rouge

Être au rouge, c'est être dans le manque, en pénurie et dans un état de stress permanent. Au lieu de vous inquiéter pour votre emploi, vous devez plutôt veiller à avoir d'autres sources de revenus afin de vous garantir une certaine sécurité financière.

Si vous avez peur de perdre le seul ami que vous avez, faites-vous de nouveaux amis. Songez à épargner les choses qui vous sont chères dans la vie comme par exemple une partie de votre argent.

Pensez à la solution au lieu du problème

Vous est-il déjà arrivé d'interrompre le fil de vos pensées au sujet d'un problème pour envisager la possibilité d'une solution? Vous auriez remarqué, si vous en avez déjà fait l'expérience, que réfléchir à la solution vous fait vous sentir mieux que de cogiter sur le problème. Epicure dit à ce sujet : « Vivre les malheurs d'avance, c'est les subir deux fois. »

Penser au problème rend inquiet, alors que penser à la solution détend et remplit d'espoir. Bouddha dit : « Si le problème a une solution, il ne sert à rien de s'inquiéter. Mais s'il n'en a pas, alors s'inquiéter ne change rien. »

Vous vous adapterez

Quel que soit ce qui se produira, vous allez vous adapter. Pour s'adapter au plus vite et bien, il vous faudra d'abord accepter la situation comme s'étant produite et ensuite réfléchir à comment l'employer telle quelle à votre avantage.

Ayez un plan non rigide. La route du succès n'est pas droite. Elle est faite de détours et d'obstacles. Au départ, nous avons une idée pas très exacte de la réussite. Les difficultés nous en montrent la réalité. Il nous faut donc nous ajuster et non résister en tenant coûte que coûte à suivre nos plans. Ne laissez pas vos plans et objectifs vous culpabiliser et vous donner des inquiétudes.

Recherchez la parole appropriée

« *L'inquiétude dans le cœur de l'homme l'abat, mais une bonne parole le réjouit.* »[7]

A chaque fois que vous remarquez que quelque chose vous inquiète, prenez vite des mesures avant que cela ne vous abatte. Une des clés que je vous propose est de rechercher les bonnes paroles qui correspondent à la situation qui prévaut. Ces bonnes paroles serviront de barrières de protection entre votre cœur et ces pensées d'inquiétude. Les bonnes paroles sont celles qui nous viennent des saintes écritures. C'est aussi tout ce qui peut nous réjouir, nous réconforter et nous édifier.

A vous de voir

« *Qui de vous, par ses inquiétudes, peut ajouter une coudée à la durée de sa vie ?* »[8]

Au fait, l'inquiétude abat l'homme, le conduit au stress chronique et plus tôt à la mort. Charles MAYO, cofondateur de la célèbre clinique Mayo aux États-Unis, affirme que l'inquiétude est néfaste pour la circulation du sang, le cœur, les glandes et l'ensemble du système nerveux. Autre part, il ajoute n'avoir jamais vu mourir quelqu'un d'un excès de travail, mais avoir souvent connu des gens qui étaient morts d'inquiétude.

L'inquiétude n'ajoute aucune coudée à votre durée de vie. Elle rétrécie plutôt votre durée de vie. Ce qui vous inquiète n'a pas le pouvoir d'augmenter votre durée de vie. Il n'est alors pas aussi important.

Gardez la foi

Lorsque notre foi baisse, cela se traduit entre autres par l'inquiétude. Il vous faut dans ce cas alimenter votre foi de telle sorte qu'elle devienne inébranlable. Revoyez les fondements de votre foi en Dieu. Avez-vous foi en Dieu pour ce qu'Il vous fait ou pour ce qu'Il est ? « *Et pourquoi vous inquiéter au sujet du vêtement? Considérez comment crois-*

sent les lis des champs: ils ne travaillent ni ne filent; cependant je vous dis que Salomon même, dans toute sa gloire, n'a pas été vêtu comme l'un d'eux. Si Dieu revêt ainsi l'herbe des champs, qui existe aujourd'hui et qui demain sera jetée au four, ne vous vêtira-t-il pas à plus forte raison, gens de peu de foi. »[9]

Ainsi, pour développer votre foi et arrêter de vous inquiéter au sujet du vêtement, il vous est demandé de considérer la croissance des lis des champs.

En ce qui concerne l'inquiétude en rapport avec ce que vous mangerez, il vous faut regarder les oiseaux du ciel qui ne sèment, ni ne moissonnent, mais que Dieu nourrit. Il vous faut donc rechercher, comme preuve de la fidélité de Dieu, ce qu'Il a fait à d'autres et qui correspond également à votre besoin sans toutefois les convoiter, les envier, les jalouser.

Si vous avez faim, souvenez-vous de l'histoire de la Veuve de Sarepta :

« *Comme il arrivait à l'entrée de la ville, voici, il y avait là une femme veuve qui ramassait du bois. Il l'appela, et dit: Va me chercher, je te prie, un peu d'eau dans un vase, afin que je boive. Et elle alla en chercher. Il l'appela de nouveau, et dit: Apporte-moi, je te prie, un morceau de pain dans ta main. Et elle répondit: L'Éternel, ton Dieu, est vivant! Je n'ai rien de cuit, je n'ai qu'une poignée de farine dans un pot et un peu d'huile dans une cruche. Et voici, je ramasse deux morceaux de bois, puis je rentrerai et je préparerai cela pour moi et pour mon fils; nous mangerons, après quoi nous mourrons. Élie lui dit: Ne crains point, rentre, fais comme tu as dit. Seulement, prépare-moi d'abord avec cela un petit gâteau, et tu me l'apporteras; tu en feras ensuite pour toi et pour ton fils. Car ainsi parle l'Éternel, le Dieu d'Israël: La farine qui est dans le pot ne manquera point et l'huile qui est dans la cruche ne diminuera point, jusqu'au jour où l'Éternel fera tomber de la pluie sur la face du sol. Elle alla, et elle fit selon la parole d'Élie. Et pendant longtemps elle eut de quoi manger, elle et sa famille, aussi bien qu'Élie. La farine qui était dans le pot ne manqua point, et l'huile qui était dans la cruche ne diminua point, selon la parole que l'Éternel avait prononcée par Élie.* »[10]

Ne vous contentez pas seulement de rechercher ce que Dieu a fait et qui correspond à votre situation. Challengez votre foi en recherchant ce que Dieu a fait à d'autres et qui dépasse le cadre de votre situation. Pour une personne jeune qui n'a pas d'enfants et qui est déclarée stérile, elle devrait considérer l'histoire d'Abraham qui, avancé en âge, est devenu père d'une multitude de nations.

« *Lorsqu'Abram fut âgé de quatre-vingt-dix-neuf ans, l'Éternel apparut à Abram, et lui dit: Je suis le Dieu Tout-puissant. Marche devant ma face, et sois intègre. J'établirai mon alliance entre moi et toi, et je te multiplierai à l'infini. Abram tomba sur sa face; et Dieu lui parla, en disant: Voici mon alliance, que je fais avec toi. Tu deviendras père d'une multitude de nations.* »[11] Ne vous dites pas que vous serez l'exception pour manquer ces mêmes grâces car Dieu ne fait acception de personnes ; car : « *L'Éternel, votre Dieu, est le*

Dieu des dieux, le Seigneur des seigneurs, le Dieu grand, fort et terrible, qui ne fait point acception des personnes et qui ne reçoit point de présent. »[12] Ne vous dites pas qu'il s'agit de faits historiques car : « *Il est le même hier, aujourd'hui, et éternellement.* »[13]

Ne vous inquiétez pas du lendemain

« *Ne vous inquiétez donc pas du lendemain; car le lendemain aura soin de lui-même. A chaque jour suffit sa peine.* »[14]

Il s'agit là d'une vérité avec laquelle notre esprit est d'accord, mais lorsque nous avons atteint un stade avancé du raisonnement logique, il nous est difficile de l'accepter à moins que cela ne nous soit expliqué. Il y a en effet un mécanisme invisible mis en place par Dieu Lui-même qui soutient le fonctionnement de l'univers tout entier.

Nous n'avons pas à faire quelque chose pour que, par exemple, le soleil se lève. Nous n'avons pas à actionner des interrupteurs pour que le noir apparaisse à partir d'une certaine heure. Les choses sont programmées dans le monde pour se faire en leur temps.

Votre vie est l'ouvrage de Dieu et, tout comme l'univers, elle fonctionne d'une autre part grâce à un mécanisme invisible, mis en place par votre créateur. Comprenons-nous bien : je ne dis pas qu'il faut croiser les bras et s'attendre à ce que les choses se fassent d'elles-mêmes ; et ce n'est pas non plus ce que sous-entend le texte de référence précédémment cité. Quand on parle du lendemain, on parle de l'avenir, du futur. Le futur représente les choses qui ne sont pas encore, dont nous n'avons pas la maîtrise. Il s'agit des aspects de notre vie qui ne dépendent pas de nous, et que nous n'avons pas le pouvoir de changer.

Retenons qu'il y a en ce qui concerne votre vie des choses qui dépendent de vous et d'autres qui ne dépendent pas de vous. Vous êtes convié à ne pas vous inquiéter pour les choses qui ne dépendent pas de vous. Lorsque les choses ne dépendent pas de vous, laissez-les à Dieu et Il se chargera du reste. Au lieu de s'inquiéter des résultats que nous avons, il serait préférable de nous focaliser sur les actions que nous posons aujourd'hui.

Aussi est-il que le mot « jour », employé dans le texte de référence précédent, peut également signifier « saison ». Nous vivons aujourd'hui les mêmes problèmes qu'hier, parce que nous sommes toujours dans la même saison. A chaque saison de notre vie correspond un problème. Quand vous grandissez au cours de cette saison, vous attirez pour la nouvelle saison à venir des problèmes de qualité.

Chaque saison est également faite de surprises (agréables comme désagréables). Lorsque vous connaîtrez des surprises désagréables, attendez-vous en retour à des surprises agréables. Lorsque vous connaîtrez également au cours de cette même saison des surprises agréables, préparez votre cœur car il se peut que celles qualifiées de désagréables se présentent à vous. L'univers tient debout sur la base d'une loi très importante : l'équilibre. C'est ce qui explique pourquoi les moments de bonheur ne sont pas éternels. Mais vous, vous savez désormais que le plus important n'est pas ce qui vous arrive mais votre réaction face à ce qui vous arrive. En cela, je peux même aller jusqu'à dire que le bonheur peut être éternel à condition que vous adoptiez toujours les bonnes attitudes face aux problèmes. Le bonheur peut vous être éternel si vous savez faire violence sur vous pour conserver les bonnes attitudes même aux moments difficiles. Là, il est question de discipline.

Ne vous inquiétez pas pour votre vie

« C'est pourquoi je vous dis : *Ne vous inquiétez pas pour votre vie de ce que vous mangerez, ni pour votre corps de quoi vous serez vêtus. La vie est plus que la nourriture, et le corps plus que le vêtement.* »[15]

Les personnes égoïstes souffrent de beaucoup d'inquiétude. Au lieu de penser tout le temps à votre vie, pensez plutôt à celle des autres. Faites de cela un style de vie et vous expérimenterez une vie beaucoup plus belle. En ce qui vous concerne, prenez juste le temps de faire ce que vous avez à faire et, en attendant les résultats, occupez-vous des problèmes des autres.

En étant occupé, vous ne pouvez pas être préoccupé. Détournez-vous pour un temps de votre vie et occupez-vous de celle des autres. Prenez déjà le temps de connaître les problèmes des gens, leurs inquiétudes, et vous verrez à quel point le vôtre peut être insignifiant. Si vous vivez quelque chose, ne pensez pas être le seul à le vivre. Les autres en vivent autant. Ce qui fait que vous ne le savez pas est que les gens cachent leurs problèmes.

La vie est plus que ce qui vous tourmente. Il y a plus important que vos problèmes. Découvrez à l'extérieur de vous cette chose qui est plus importante que vos problèmes et ceux-ci perdront de leur poids. Vos problèmes ne vous ôteront pas la vie. Au contraire, ils vous préparent à une meilleure vie.

Changez de priorités

Observez votre quotidien et classez chaque activité fréquente en sous catégories que voici :

- Urgent et important
- Urgent et non important
- Non urgent et important
- Non urgent et non important

Beaucoup de gens ont du mal à distinguer ce qui est important de ce qui ne l'est pas. C'est pourquoi leur vie est fade et pleine d'inquiétude. Les choses qui sont importantes sont celles qui vous rapprochent de vos objectifs et de votre vision de vie.

Une autre cause majeure d'inquiétude est le fait de vivre sa vie dans un état perpétuel d'urgence. On est dans cette situation de crise quand l'on ne prend pas le temps de planifier sa vie, son lendemain. L'inquiétude se produit lorsqu'on vit la vie sans aucune planification.

« *Car là où est votre trésor, là aussi sera votre cœur.* »[16]

Mettez votre cœur dans les choses qui vous font bénéficier de l'aide de Dieu comme la vision qu'Il vous donne. Ainsi, votre cœur ne sera plus perturbé par les réalités du présent. Les personnes qui ont la perspective de l'éternité sont souvent celles qui prennent le plus de risques, qui voient les choses différemment et selon le bon regard.

Avoir la perspective de l'éternité, c'est savoir profondément qu'il y a une nouvelle vie qui nous attend après celle que nous vivons sur terre ; c'est considérer que ni votre passé, ni votre présent, ni votre futur, ne sont plus importants que la nouvelle vie que vous aurez après celle vécue ici-bas. Les personnes ayant la perspective de l'éternité sont rares à trouver et cela évoque un autre problème, celui des êtres éternels qui pensent et fonctionnent sur la base de choses limitées.

Soyez dur de l'intérieur

Les personnes dont la vie peut paraitre tout le temps rose sont très vulnérables. Leur fondation n'est pas solide et quand vient l'épreuve, elle s'effondre. Il n'en est pas ainsi des personnes qui passent continuellement par des temps de tempêtes. Elles sont comme l'arbre qui fortifie ses racines par le vent qui souffle.

Apprenez à vous passer des choses faciles et recourez parfois et même souvent aux choses difficiles afin de préparer votre cœur à être difficilement inquietable. Quelqu'un a dit : « lorsque vous faites les choses faciles, la vie vous est difficile à vivre et lorsque vous faites les choses difficiles, la vie vous devient facile à vivre. »

Traitez les symptômes et prenez de grandes décisions par rapport aux problèmes avérés grands

La plupart de nos sujets d'inquiétude sont des problèmes qui se présentaient autrefois sous forme de symptômes. Très souvent, nous négligeons les anomalies, nous contentant de les constater au lieu de les traiter sur le champ.

Quelqu'un m'a raconté un jour comment un rat a rongé ses pieds pendant qu'il dormait. Voici comment il procède m'a-t-il expliqué : pendant qu'il ronge cette partie de votre corps, il souffle dessus pour que vous ne ressentiez pas la douleur sur une longue durée et pour que vous ne vous réveilliez pas. Ahahaha !

La vérité est que nous sommes tous victimes de ce rat. Comment ? Il nous arrive de ressentir certaines douleurs qui résultent de notre insatisfaction à l'égard de certains problèmes de notre vie. Cependant, nous ne nous y attelons pas, les laissant se dégrader et s'empirer. Il s'est fait que la première fois où vous avez ressenti une telle douleur (mécontentement, déception, frustration), un rat est passé par là et a soufflé dessus pour vous ronger davantage.

Ce rat s'appelle l'urgence. L'urgence vous fait courir et vous fait perdre de vue l'essentiel. Il attire votre attention sur un sujet mineur ou même majeur pour vous distraire.

Quelle attitude tenir à l'égard de cela ?

Quand vous ressentez ce type de douleur pour la première fois, comprenez qu'elle n'est pas à son début et que le rat a plusieurs fois soufflé dessus. Comprenez que si vous ne faites rien à l'instant où vous l'avez ressentie, il soufflera encore dessus et vous oublierez de vous pencher dessus.

Notez les différents domaines de votre vie (personnel, professionnel, familial, etc.) et malgré le train d'urgence dans lequel vous vous trouvez, faites le point de ce qui marche ou non. Trouvez le temps de travailler sérieusement sur votre vie. Réveillez-vous de votre sommeil et tuez ce rat !

Certaines personnes ont dans leur vie des problèmes complexes qui sont sources d'inquiétude. Du fait de leur complexité, elles ont du mal à les traiter, et les traînent alors sur une longue durée. Pour résoudre ce type de problème, il faut très souvent de grandes actions et donc de très grandes décisions. Le problème est que nous aimons nous contenter de les aborder avec des solutions normales et avec les méthodes d'hier.

Cela me rappelle la célèbre citation d'Albert EINSTEIN selon laquelle : « On ne résout pas les problèmes avec les mêmes modes de pensée qui les ont engendrés. » Soyez donc prêt à prendre de très grandes décisions que vous n'avez pas encore prises jusque-là dans votre vie.

Allez du plus petit au plus grand

Partez du plus simple au plus complexe au lieu d'aborder en même temps le plus complexe. Fragmentez vos problèmes et ils n'auront plus de forces pour vous inquiéter. Segmentez-les en mini-problèmes ou en sous-objectifs.

J'étais tout le temps inquiet quant à un aspect donné de ma vie. Mon cœur en éprouvait de la souffrance et de la peur. Un jour, j'en étais tellement dépassé que je me suis mis à prier et voici ce que j'ai reçu dans mon esprit: « Ronald, ton inquiétude vient du fait que tu as ton regard fixé sur la grande montagne qui se trouve devant toi au lieu de voir le problème qui, aujourd'hui, est à ta portée et que tu peux résoudre. »

Il m'a été divinement communiqué un plan que je devais suivre et qui était constitué d'un ensemble de sous objectifs à atteindre et dont chacun était une solution au problème. Depuis ce moment, je ne me suis jamais plus inquiété en ce qui concerne le problème en question.

Martin Luther KING dit : « Gravissez la première marche de la foi. Inutile de voir tout l'escalier, gravissez juste la première marche. »

Ça va finir par ne plus être

Que se passe-t-il lorsque l'état d'une chose va de mal en pire ? Cette chose finit par se détériorer. De même, si votre problème s'empire, c'est que bientôt, il n'existera plus.

Faites donc comme nous le recommande Henri BERAUD : « Les soucis d'aujourd'hui sont les plaisanteries de demain. Rions-en donc tout de suite. »

Apprenez la patience

L'inquiétude vient également du fait que nous nous faisons du mauvais sang pour des choses que nous redoutons et qui ne se sont pas encore produites. Nous voyons là qu'il s'agit de l'impatience. Une amie, Ursula T., m'a donné cette astuce lorsqu'elle a remarqué que j'attendais régulièrement et en toute impatience un ami avec qui je devais rentrer à la maison. Elle m'a dit : « La clé pour développer la patience est de faire au moment de l'attente quelque chose de productif et de profitable. »

Au lieu de vous inquiéter, trouvez donc quelque chose de productif et de profitable à faire.

Recourez au pouvoir collectif

Lorsque vous vivez une situation qui vous dépasse, rappelez-vous que vous n'êtes pas le seul à la traverser, des gens l'ont vécue avant vous, certains l'endurent au même moment que vous et d'autres la vivront après vous. Il y a une sorte de mauvaise pensée qui anime les gens et les pousse, lorsqu'ils sont de mauvaise humeur, à amener les autres à la subir. Ils y gagnent une sorte de satisfaction.

Lorsqu'elles sont atteintes de maladies contagieuses, les personnes de ce genre tentent de contaminer le reste. Cette tendance traduit le principe selon lequel nous nous sentons plus forts, plus soulagés, lorsque nous savons que les autres rencontrent les mêmes difficultés que nous.

C'est probablement pourquoi il nous est recommandé de pleurer avec ceux qui pleurent[17]. C'est pour que ceux-ci se sentent soulagés.

La prochaine fois que vous aurez un problème, rappelez-vous que vous n'êtes pas le seul à le vivre et vous vous sentirez encouragé.

Recourez aux plans simples et non complexes

Je me suis fait beaucoup de soucis quant à l'autoédition de mon livre : « *Un Nouveau Départ : Vivez votre vie à 100%.* » J'avais prévu de faire un lancement comme cela se fait d'habitude, mais je n'avais pas assez de moyens pour couvrir les charges que cela demandait car je venais de démissionner de mon boulot.

Un jour, j'ai été inspiré pendant que je me fatiguais à y réfléchir, de me passer du lancement. Aussitôt après l'avoir envisagé, une sorte de paix m'a envahi. Avouons-le, nous nous compliquons très souvent l'existence ! Faites avec ce que vous avez, avec les moyens dont vous disposez.

Comprenons-nous bien : je ne vous encourage pas à rechercher les choses faciles mais plutôt les choses simples, qui sont à la fois pour vous un défi et en même temps à votre portée. Quand vous recourez aux choses faciles, un sentiment d'inconfort vous habitera. Quand vous recourez aux choses simples, cela crée en vous un sentiment de paix qui vous submerge. Si j'avais les moyens nécessaires pour faire ce lancement et ne le faisais pas, cela m'ôterait ma paix intérieure et amènerait les lois de l'univers à opérer contre moi.

Les lois de l'univers sont intelligentes. Elles ne sont pas statiques mais s'adaptent au niveau de chacun. Cela peut expliquer pourquoi le pauvre peut tomber moins vite malade que le riche qui dispose de moyens pour prendre soin de lui et qui ne le fait pas comme il le faut convenablement.

CHAPITRE 8

VAINCRE LE DECOURAGEMENT

Célébrez les mini victoires

Le découragement vient lorsqu'on oublie ses victoires passées et qu'on se rappelle seulement ses échecs. Ne passez pas sous silence vos victoires en ne les célébrant pas, sinon vous risquez de les oublier.

Vos pensées et réactions dépendent de ce que vous avez en mémoire, de ce qui est prépondérant dans votre subconscient. Si vous n'avez donc pas en mémoire vos réussites passées, vos échecs actuels trouveront une place dans votre mémoire et vos réactions seront fonctions d'elles.

Pour les garder en mémoire, il vous faut les écrire, voire les commémorer de sorte que l'esprit en garde un très bon souvenir.

Rêvez autour du rêve

Le rêve se nourrit de la fréquence à laquelle il est ressassé dans le champ de notre esprit et de la foi que nous y plaçons. Nous ne le choisissons pas. C'est une semence qui est déposée dans notre esprit par notre créateur. Une fois qu'il est en nous, nous avons la responsabilité de travailler à sa réalisation. Une des plus grandes erreurs que nous commettons est de croire qu'une fois nous avons conçu un projet, nous n'avons plus à rêver.

C'est pourquoi beaucoup perdent en cours de route la motivation et l'enthousiasme qu'ils avaient au départ; c'est la raison pour laquelle bon nombre d'entreprises ferment leurs portes. A la différence des rêves que nous faisons en étant endormis, dans un état d'inconscience, et qui s'interrompent à notre réveil, les rêves faits en plein éveil, en toute conscience, n'ont point de fin.

T. E. LAWRENCE dit à ce propos : « Tous les hommes rêvent, mais pas tous de la même manière. Ceux qui rêvent la nuit, dans les replis poussiéreux de leur esprit, se réveillent pour découvrir que ce n'était que vanité. Mais les rêveurs éveillés sont dangereux, car ils peuvent jouer leurs rêves les yeux ouverts et les réaliser. »

Venons-en maintenant à comment rêver en toute conscience. Pour le faire, il faudrait passer à maintes reprises dans le champ de votre esprit le film de vos rêves. En le faisant, vous complétez les parties (scènes) qui manquent au film que vous visualisez dans votre esprit. A force de rêver, votre rêve deviendra complet, clair, et précis. C'est ainsi qu'il quitte l'abstrait pour devenir une réalité. Ce n'est pas lorsque vous avez réalisé le rêve qu'il est devenu une réalité ; Il le devient déjà dès que vous en prenez conscience, lorsqu'il est devenu clair dans votre esprit.

A force de rêver en toute conscience, vous chassez la peur (celle de l'inconnu par exemple) et d'autres mauvais sentiments qui attendaient de vous voir entamer la réalisation du rêve pour vous envahir. A l'inverse, lorsque vous rêvez en toute conscience, vous réveillez en vous de meilleurs sentiments que sont la foi, l'audace, etc.

En rêvant autour du rêve, vous imprimez ainsi sur vous le rêve et lorsqu'on vous regarde, le rêve transparait facilement. Aussi est-il que cela développe en vous le caractère que requiert le rêve pour être réalisé.

Il y a trois points focaux que vous devez visualiser : voyez-vous en pleine action en train de réaliser votre rêve ; voyez le bénéfice, la satisfaction qu'éprouveront les personnes qui bénéficieront de la réalisation de ce rêve et voyez aussi tout le bénéfice que vous-même vous en tirerez.

Les plus grands projets que vous voyez ne sont pas le fruit du hasard. C'est la manifestation d'un rêve longtemps chéri, qui continue par être entretenu.

Si Dieu a pu créer le ciel, la terre et toutes ces choses magnifiques qui nous entourent, de la même manière, grâce à Sa présence en vous, vous allez pouvoir créer des produits d'une telle envergure à condition de rêver grand. Il ne suffira pas d'avoir un grand rêve mais aussi de s'atteler à rêver grand. Je tiens à vous mettre en garde au sujet de vos rêves présents. Vous pourrez tomber un jour sur quelqu'un qui a aussi le même rêve que vous.

Nous sommes nombreux à qui cela est déjà arrivé. Lorsque c'est le cas, nous nous disons avoir le même rêve et nous nous faisons la guerre alors qu'en réalité, lorsque nous continuons à rêver, chacun de son côté, nous découvrons les parties qui manquent à nos rêves.

Ce qui différencie les rêves des uns de ceux des autres, ce sont ces parties qui leur manquent et dont nous prenons connaissance à force de continuer à rêver. Vous avez déjà entendu au moins une fois une personne dire à une autre de descendre de ses nuages, d'arrêter de rêver, lorsque celle-ci ne prend pas en compte les réalités qui l'entourent. C'est la même chose qui se passe lorsque vous prenez l'habitude de rêver. Vous n'êtes plus conscient des obstacles et des réalités de ce monde. Rêver est l'un des moyens pour toujours garder le cap.

Brûlez les ponts derrière vous

Vous vous découragez lorsque votre regard est tourné ailleurs, dans une direction autre que celle de vos objectifs. Fermez-vous aux opportunités qui pourraient vous détourner de l'objectif. Si par exemple, vous décidez d'autofinancer un projet et de vous résigner aux prêts venant de vos amis, vous pouvez leur dire publiquement que vous n'emprunterez rien chez personne. Si vous vous sentez contraint d'abandonner quelque chose, il faut que ce soit pour faire quelque chose de meilleur et de plus grand. Si vous vous sentez vraiment obligé d'arrêter ce que vous avez commencé pour des raisons de difficultés, alors prenez une pause s'il le faut mais ne l'arrêtez jamais ; arrêtez-le pour un temps, mais pas pour toujours.

En arrêtant momentanément un projet pour réaliser un autre, il faut que le nouveau projet aide à l'accomplissement de celui qui a connu de difficultés, et que vous repreniez le projet laissé avec des perspectives plus grandes.

Si vous n'êtes pas sûr de retourner au premier projet que vous voulez momentanément arrêter, continuez-le aussi petitement que vous le pouvez pendant que vous êtes sur d'autres fronts et engagez-vous totalement à sa réalisation lorsque vous aurez réuni les moyens pour l'achever.

Ce que vous voulez abandonner aujourd'hui, vous ne saviez pas, avant de le commencer, que vous l'abandonneriez en cours de route. Il y a eu un lot de surprises qui ont ébranlé votre détermination en cours de route. De la même manière, ce que vous voulez faire au détriment de ce que vous avez déjà commencé comporte aussi un lot de surprises qui pourraient vous dissuader d'achever celui-ci.

Si vous avez tendance à être découragé, c'est que vous êtes encore ébranlable ou que n'importe quoi peut facilement vous faire chuter. Cela ressemble aux maisons qui sous l'effet du vent, tombent. Ce qui s'explique par le fait que ces maisons n'ont pas une fondation solide. La fondation est légère lorsqu'on fait économie des matériaux qui doivent servir à sa construction. Ne limitez pas les sacrifices que vous faites, car c'est eux qui vous donnent une fondation solide. Pour ne plus être en proie au découragement, il vous faudrait prendre la décision de sacrifier des choses qui vous sont chères et qui pourraient contribuer le plus à rendre solide votre fondation.

Il y a une pratique mystique qui a été faite non loin de ma maison, et qui pourrait nous faire voir la portée de la notion du sacrifice. Mes voisins ont sacrifié un bœuf vivant en l'enterrant sous terre afin d'augmenter le niveau de protection de la maison. Comme vous pouvez le voir, le sacrifice a été mis sous terre, au niveau de la fondation. Ce qui nous confirme le lien entre le sacrifice et la fondation : le sacrifice consolide la fondation.

Si vous voulez donc avoir un fondement solide, je vous recommande non pas de mettre un bœuf sous terre mais de sacrifier plutôt d'autres choses qui vous sont chères. L'autre chose à savoir sur le sacrifice est qu'il vous donne de l'élan.

En sacrifiant des choses de grande valeur, vos projets entamés avec nonchalance connaîtront une croissance rapide ; car ce qui est sacrifié est mort et ce sont ces choses mortes qui, lorsqu'elles sont décomposées, entrent dans la composition du terreau et lui donnent la vie qui était contenue en elles. C'est lorsque vous vous rendez au cimetière, et que vous observez la rapidité avec laquelle croissent les plantes, que vous comprenez que la vie qu'ont laissée les personnes décédées enrichit la terre. Ce qui est sacrifié n'existe plus et on n'a plus de raison d'avoir peur de le perdre. Il faut s'assurer, lorsqu'on parle de sacrifice, que ces choses, que vous considérez comme sacrifiées, le sont vraiment en vous, que vous avez réellement accepté cette perte et que ce qui est perdu ne sera pas retrouvé vivant en vous. Lorsque c'est le cas, votre sacrifice qui n'est pas consumé, vous fera commencer grand parce qu'il s'ajoutera à ce que vous avez commencé petitement et là votre peur de perdre sera grande.

Lorsque vous avez bien fait le deuil de ce qui a été sacrifié et que votre cœur en est détaché, cela ne s'ajoutera pas à ce que vous aurez entrepris de commencer faiblement. Alors là, vous allez bel et bien commencer faiblement et vous n'aurez non seulement pas peur de connaître un échec ou une perte, mais aussi, vous serez retrouvé persévérant, tenace lorsque les difficultés se présenteront à vous.

N'ayez pas d'avance un plan B. Celui-ci ôte la fiabilité du plan A. Montez un plan B quand le plan A annonce des signaux d'échec. Lorsque vous modifiez un seul élément du plan A, veillez à procéder à une actualisation du plan en tenant compte de ce que ce changement implique. Si par exemple, vous décidez de changer de plan, d'itinéraire de route pour un chemin plus long, n'oubliez pas de prendre conséquemment du carburant en réserve.

Connaissez d'avance les risques

Le découragement vient de ce que nous recevons des coups auxquels nous ne nous sommes pas préparés. Il convient donc de prendre connaissance des risques majeurs susceptibles de se produire lorsque vous voulez faire quelque chose. Préparez-vous et soyez prêt à toute éventualité avant de commencer quelque chose. Connaître d'avance les choses désagréables qui risquent de se produire leur ôte une part de leurs forces et vous renforce.

En regardant de près, nous verrons que dans la vie les surprises n'existent pas vraiment car les choses, avant qu'elles ne se produisent, nous lancent des signaux d'alarme que nous ne décryptons souvent pas ou que nous banalisons.

Jésus a préparé mentalement ses disciples à toute difficulté avant que ceux-ci n'en fassent l'expérience. « *Je vous ai dit ces choses, afin que vous ayez la paix en moi. Vous aurez des tribulations dans le monde; mais prenez courage, j'ai vaincu le monde.* »[1]

Revoyez vos indices de réussite

Le plus important au moment présent, c'est ce qui vient en premier et non après, c'est aujourd'hui et non demain. En partant de ce principe, nous pouvons distinguer en un projet deux choses importantes à savoir la croissance personnelle que le projet nous permet de connaître et la réalisation du projet. Au début du projet, le plus important pour nous est notre croissance personnelle.

Lorsque nous atteignons, du point de vue personnel, un certain niveau de croissance, le plus important devient la réalisation du projet. Tout projet qui vous fait grandir est un projet qui marche et qu'il ne faut pas abandonner malgré les difficultés passagères qu'il peut connaître. S'il vous fait faire de nouvelles et de grandes choses, c'est que cela est une réussite. Ne regardez pas en premier ses résultats, mais plutôt à la qualité et à la grandeur des actions qu'il vous fait poser. Le projet se construit, se réalise dans les difficultés qu'il connaît. Les difficultés qui ne suppriment pas le projet sont pour sa construction. Ne vous fiez pas qu'aux résultats que vous voyez parce qu'il y en a qui sont invisibles ou cachés et qui se révèlent à nous à force de persévérance.

Lorsque vous ne voyez rien comme résultat, cela ne veut pas directement dire que ce que vous faites ne marche pas. Les premières actions ont très souvent des résultats invisibles. Plus le projet est grand, plus il prendra de temps pour que vous puissiez en apercevoir les fruits. Il prend le temps de développer ses racines. C'est le cas du bambou qui fait sept ans sous terre avant qu'on ne voie quelque chose sortir de la terre. Une fois sorti, il ne s'arrête plus de grandir.

On peut retenir de cet exemple que les choses cachées ne resteront pas éternellement au fond de leur cachette. Nous avons besoin de patience pour manifester les choses qui sont cachées en nous. Travaillez aussi sur la question de votre foi et de votre espérance que nous avons développée plus haut. La duplicité ou la fausseté est l'ennemi de la foi et par conséquent de l'espérance. Restez droit sur toute la ligne lorsque les choses se compliquent et vous serez en droit de vous attendre à un retournement divin.

Relativisez chaque échec

Chaque échec nous enseigne et nous apporte quelque chose. De nouveaux projets se cachent derrière nos échecs. C'est pourquoi il nous faut les inspecter.

L'échec n'annule pas les semences que nous avons plantées. Elles sont toujours existantes sous terre et germent au même moment que les nouvelles semences que nous plantons à force de persévérance. Ceci dit, quand vous persévérez, vous récoltez les fruits des anciennes et nouvelles semences.

Deux valent mieux qu'un

« Deux valent mieux qu'un, parce qu'ils retirent un bon salaire de leur travail. Car, s'ils tombent, l'un relève son compagnon ; mais malheur à celui qui est seul et qui tombe, sans avoir un second pour le relever ! »[2]

Associez-vous à des gens qui ont la même vision que vous afin que le fardeau ne repose pas seulement sur vous mais qu'il soit partagé.

CHAPITRE 9

DONNER DE LA HAUTEUR À SES VALEURS

Les valeurs sont ce à quoi vous accordez de l'importance. C'est ce qui est prioritaire pour vous. Les actions que nous posons aujourd'hui et les motivations qui sont en dessous sont un indice de nos vraies valeurs. Les valeurs sont les principes de vie régissant notre conduite. Les valeurs d'une personne déterminent la valeur qu'elle a.

Il y a des valeurs endogènes, qui sont celles que nous héritons de la société, qui sont ancrées dans notre subconscient et que nous aurons du mal à expliquer.

Vous devez les distinguer et vous en défaire si cela s'avère ne pas être constructif. « Une valeur a un impact aussi bien plus important dans votre vie qu'une qualité ou qu'un talent », a dit Cécile HOURNAU.

A- Découvrez vos valeurs

I- Ce en quoi vous engagez le plus votre temps et votre argent est révélateur de vos valeurs. Vos passions sont des indicateurs de vos valeurs

1- Quelles sont ces 3 choses que vous faites et qui vous prennent le plus de temps dans la journée ?

....
....
....
....
....

2- Quelles sont ces 3 choses dans lesquelles vous dépensez le plus argent ?

....
....
....
....
....

3- Quelles sont ces 3 choses qui vous passionnent le plus ?

....
....
....
....

II- Les attentes que vous avez dans les différents domaines de votre vie sont révélatrices de vos valeurs

Quelles sont vos attentes principales dans les domaines ci-après :

1- Familial

....

....

....

2- Relationnel

....

....

....

3- Professionnel

....

....

....

4- Le monde, votre environnement

....

....

....

5- Emotionnel ou sentimental

....

....

6- Spirituel

....

....

7- Matériel : Quel est le bien tangible qui importe le plus pour vous ?

....

....

III- **Quelles sont vos expériences passées**

Énumérez cinq situations négatives et cinq situations positives vécues, et faites ressortir dans chacun des cas les valeurs qui y sont représentées. Par exemple, j'ai puni mon fils parce qu'il a proféré des mensonges sur le compte d'un ami dans le but de cacher sa faute.

Pour en connaître la valeur cachée, je dois me demander : « pourquoi je l'ai puni ? »

Réponse : parce qu'il doit assumer ses responsabilités.

La valeur que je défends ici est donc celle de la responsabilité.

5 Situations négatives

1ere situation :

....

....

Valeur : --

2eme situation :

....

....

Valeur : --

3eme situation :

....

....

Valeur : --

4eme situation :

....

....

Valeur : --

5eme situation :

....

....

Valeur : ---

5 Situations positives

1ere situation :

....

....

Valeur : ---

2eme situation :

....

....

Valeur : ---

3eme situation :

....

....

Valeur : ---

4eme situation :

....

....

Valeur : ---

5eme situation :

....

....

Valeur : ---

B- Donnez de la valeur à vos valeurs

1- Trouvez de plus grandes valeurs

Il y a des valeurs qui ont plus de points que celles que vous avez aujourd'hui. Lorsque vous les identifierez, il vous suffira juste de les accepter pour les remplacer par les anciennes valeurs. Par exemple, si le qualificatif « bien » fait partie de vos valeurs et qu'il est d'une faible valeur, remplacez-le par le qualificatif « mieux ». Autrement dit, recherchez la version améliorée de vos valeurs.

Quand vous allez au marché pour acheter un produit donné et remarquez qu'il y a un autre produit qui répond au même besoin et semble avoir plus de caractéristiques fonctionnelles que lui, vous le choisissez au détriment du produit initialement désiré. Si vous ne le prenez pas le même jour où vous avez fait sa découverte, il se peut que votre attention continue à être portée dessus les jours suivants. De la même manière, vous avez besoin de vous demander s'il y a, au-dessus des valeurs que vous avez aujourd'hui, d'autres valeurs plus grandes. Si oui, écrivez-les.

Si le fait d'atteindre un objectif constitue pour vous une valeur, quand vous découvrirez l'importance de la vision (votre raison d'être), laquelle prend en compte l'atteinte des objectifs, vous serez naturellement plus porté vers elle. Demandez-vous donc s'il y a mieux que chacune de vos valeurs d'aujourd'hui ; et si oui, adoptez-ces nouvelles valeurs.

2- Donnez de la hauteur à vos valeurs

Un des moyens pour augmenter la valeur de ses valeurs revient à les partager avec un groupe de personnes qui les ont aussi adoptées. Les valeurs chrétiennes sont par exemple consolidées et développées dans une communauté chrétienne.

A chacune de nos valeurs correspondent plusieurs besoins et la satisfaction de ces besoins augmente en retour la valeur de la valeur concernée. Par exemple, la valeur de la solidarité peut être renforcée lorsque nous écoutons l'autre, le conseillons, l'assistons, et l'appelons régulièrement.

Réfléchissez donc aux différents nouveaux moyens par lesquels vous comblerez vos différents besoins.

CHAPITRE 10

ALLER AU-DELÀ DE SES CROYANCES

Les croyances sont ce que vous croyez naturellement être vrai ou faux. C'est ce en quoi vous avez foi et auquel vous avez attaché une ferme conviction. Elles sont relatives à ces 3 E que sont : l'environnement, l'éducation, et l'expérience.

1. L'environnement

L'environnement est composé des personnes qui nous sont proches, à savoir la famille, les amis et la communauté de personnes à laquelle nous appartenons. A force de grandir dans un milieu, vous vous verrez en partie en train de penser comme les personnes de cet environnement. C'est l'une des raisons pour lesquelles chaque continent, chaque famille a ses propres croyances.

Dans le système anglophone, le temps peut être perçu comme étant court. Ceci pourrait expliquer pourquoi les personnes qui appartiennent à ce système sont connues pour leur dynamisme, leur rapidité à faire les choses et elles sont comme on le dit communément « chapchap », peu enclines à la procrastination.

Par contre dans le système francophone, les gens n'ont généralement pas la notion du temps. Ils pensent que le temps est long. C'est probablement la raison pour laquelle ils sont moins dynamiques et ont tendance à reporter à demain ce qui peut être fait aujourd'hui.

Dans d'autres cas, nous pourrons citer des qualités qu'on retrouve dans le système francophone et pas dans le système anglophone. Chaque système, chaque continent, a ses forces et aussi ses faiblesses. C'est comme le fruit de l'arbre de la connaissance du bien et du mal.

Dieu a rejeté ce fruit bien qu'il y ait du bien dedans. Ce n'est pas qu'à cause du mal qui s'y trouve que Dieu l'a rejeté. C'est aussi à cause du bien qui s'y trouve car selon Dieu, ce bien n'est pas réellement du bien. Ce bien représente aujourd'hui les systèmes de pensées qui sont inspirées de la terre.

Vous objecterez peut être en disant que si Dieu ne veut pas que vous ayez les pensées qui viennent du système dans lequel vous vivez, pourquoi vous y a-t-il alors positionné ? Et je vous répondrai que Dieu ne vous a pas placé dans ce système pour penser comme ce système pense ; mais certainement pour que vous contribuiez à le changer. Ce qu'il vous sera difficile de faire si vous pensez comme lui. Vous ne pouvez pas accomplir votre raison d'exister si vous n'êtes pas réellement vous et si vous laissez les autres influer sur ce que vous êtes. Vous êtes inséré dans un système terrestre oui, mais vous ne devez pas vous y intégrer. Vous êtes dans le monde mais vous n'êtes pas du monde.

Sur cette terre, il y a deux mondes. Le premier est comme un grand cercle dans lequel se trouve presque tout le monde et le second est un petit cercle qui se trouve à l'intérieur du grand cercle et dans lequel se trouvent les élus de Dieu. Dieu nous a tous appelés à être ses élus mais peu d'entre nous répondent à son appel.[1] Dans le premier monde, c'est le malin qui règne, ce sont ses lois qui y prévalent.

Lorsque vous vous considérez comme étant du monde, il prend possession de votre système de pensées et il vous insuffle les croyances qu'il veut que vous ayez. Ce ne sont surtout pas les croyances que vous voulez que vous avez, mais celles qu'il veut que vous ayez. Il règne sur la terre et c'est lui qui inspire les gouvernements et autres organisations de ce monde dans les différents programmes qu'ils mettent en place pour paramétrer les hommes.

Il est dit qu'il tourne comme un lion rugissant.[2] Il tourne autour du petit cercle, cherchant qui il dévorera. Qu'en est-il alors des personnes qui sont dans son cercle ? Vous convenez avec moi qu'elles sont déjà dévorées. Ce droit lui a été donné lorsque Dieu a déclaré qu'il mangera de la poussière (y compris les hommes car ils sont créés à partir de la poussière) tous les jours de sa vie.[3] Dieu lui accordait ainsi le droit légal de tyranniser, de dominer les personnes charnelles, qui se considèreraient comme étant du monde et qui se conformeraient aux systèmes de pensées de ce monde. Les personnes faisant partie de ce cercle lui sont donc assujetties, elles font sa volonté et non pas vraiment les leurs. Il y a ce qu'on appelle les dominations.[4]

Dans domination, on a deux mots à savoir: domine et nation. Les dominations sont donc des anges (déchus) qui dominent les nations. Ils sont là pour paramétrer le système de pensées des habitants d'une nation, les faisant penser d'une même manière. Ils distillent un courant de pensées et veillent à sa propagande. Les personnes qui sont dans le grand cercle sont donc sous la domination de ces anges-là.

Vous devez donc associer votre identité à votre origine (d'où vous venez) et non au lieu où vous vous trouvez. Voyez-vous, comme venant d'en haut et non d'en bas. Les personnes qui réussissent, très souvent, sont des gens rebelles, qui ont refusé de se conformer aux systèmes dans lesquels ils vivent et qui ont choisi de penser et de fonctionner différemment. Il est difficile pour une personne d'exceller en faisant les choses de la même manière que tout le monde.

Il se trouve un véritable embouteillage sur le chemin qu'emprunte tout le monde ; et si vous voulez aller vite et loin, vous devez emprunter un autre chemin et choisir un autre système de pensées.

2. L'éducation

Vos croyances sont déterminées par l'éducation que vous ont donnée vos parents, vos instructeurs. Votre filière d'étude peut fortement influencer vos croyances. Les comptables par exemple veulent tout compter, ils sont adeptes de la croyance qui dit : « Les bons comptes font les bons amis. » Vos croyances sont aussi influencées par les informations que vous recevez.

C'est pourquoi, vous devez choisir des informations de qualité. Nous avons tendance à aimer ce qui est gratuit. Lorsque nous recherchons une information, nous avons tendance à aller la chercher sur Google et non dans les livres. Bien-sûr qu'on trouve des livres sur Google, mais je fais allusion aux articles qui y sont immédiatement disponibles. Entendons-nous bien, il y a des livres gratuits qui sont très édifiants et des livres payants qui sont contre instructifs.

Ce n'est pas le fait d'acheter les livres qui vous garantit des ouvrages de qualité. C'est l'habitude de les acheter qui vous fera en attirer de qualité. Cela rejoint la loi de Nolan qui dit : « une information de qualité et gratuite ne sera pas facile à retrouver; une information gratuite, rapidement trouvée, ne sera pas de qualité, et une information rapidement trouvée, et de qualité, ne sera pas gratuite. »

Si vous voulez avoir de bonnes croyances, privilégiez l'avis des experts dans les domaines où vous savez que vos croyances ne sont pas exactes.

3. Les expériences

Elles sont ce par quoi nous passons, ce que nous vivons, et aussi comment nous voyons ce que nous avons vécu.

Nos croyances nous viennent donc de ce que nous avons vécu et de notre manière de le voir. Cette manière de voir est déterminée par notre identité, c'est-à-dire l'opinion que nous avons de nous-mêmes, ce que nous sommes et ce que nous ne sommes pas.

Nous attirons les expériences qui sont en rapport avec notre destinée, qui font partie du plan divin prévu pour notre vie, et celles qui sont le résultat de notre désobéissance à l'égard de la volonté divine. Celles qui font partie du plan divin nous font adopter de bonnes croyances ; ce qui n'est pas toujours systématique lorsque nous avons des problèmes de caractère. Les mauvaises expériences qui résultent de notre désobéissance à l'égard de la volonté divine nous font développer de fausses croyances.

Il faut revivre mentalement nos expériences passées, durant lesquelles nous nous sommes hâtés de prendre des décisions non appropriées, qui sont devenues par la suite des croyances et choisir de prendre des décisions logiques.

Vous pouvez soumettre vos croyances à un examen interrogatoire où vous vous demandez la raison pour laquelle vous pensez de la sorte, et si les raisons sont infondées vous pourrez opter pour de nouvelles croyances. Ne vous en faites pas lorsqu'au cours de cet exercice, vous découvrez avoir une fausse croyance car à ce moment même, celle-ci ne fait plus partie de vos croyances, car vous n'y croyez plus. C'est comme un mensonge que l'on vous fait voir comme étant une vérité ; lorsque vous vous en rendez compte, vous n'y croyez plus.

Identifiez vos croyances

Voici quelques domaines autour desquels tourne votre vie. Je vous convie à répondre aux différentes questions posées autour d'eux. Cela vous permettra de mettre le doigt sur les principales croyances que vous avez. Je vous exhorte, bien que je sache que vous le serez, à être sincère avec vous-même dans les réponses que vous donnerez.

1- Familial

Que représente la famille pour vous ?

Qu'est ce qui fait la force et la faiblesse d'une famille ?

Pourquoi doit-on vivre en famille selon vous ?

2- Relationnel

Qui est l'homme selon vous ?

Que faut-il faire pour vous irriter ?

Que faut-il faire pour vous rendre heureux ?

Quelles sont selon vous les meilleures manières d'exprimer une amitié à quelqu'un ?

3- Professionnel

Que représente pour vous le travail ?

A quoi évaluez-vous un travail bien fait ?

Qu'est-ce qui vous rendrait plus heureux au travail ?

4- Le monde, votre environnement

Qu'est-ce que vous appréciez dans votre environnement ?

Qu'est-ce que vous n'appréciez pas dans votre environnement ?

5- Emotionnel ou sentimental

Croyez-vous en l'amour ?

Quelle idée vous faites-vous du sexe opposé ?

Qu'attendez-vous d'une relation sentimentale ?

6- Spirituel

Qui est Dieu selon vous ?

Comment voyez-vous les différentes religions ?

Croyez-vous au paradis et en l'enfer ? Pourquoi ?

7- Matériel

Quel est le bien qui sur terre a le plus de valeur selon vous ?

Pourquoi a-t-il selon vous le plus de valeur ?

8- Moi

Quelle opinion avez-vous de vous-même ?

9- La vie

Comment voyez-vous la vie ?

Que faut-il faire pour la rendre belle ?

Les caractéristiques d'une bonne croyance

Il faut passer au peigne fin chacune de vos croyances pour distinguer les vraies des fausses. Au nombre des éléments caractéristiques des bonnes croyances, vous retrouverez les différents résultats que vous obtenez de la vie en pensant comme tel. Analysez les différents résultats que vous avez déjà eus, car à toute croyance sont associés des résultats bien donnés. Si vos résultats sont selon vous insatisfaisants, vous comprendrez que vos croyances ont besoin d'être renouvelées et ajustées.

Les échecs répétés que vous avez dans des domaines précis de votre vie révèlent qu'il y a un ensemble de croyances à revoir. Une bonne croyance est d'abord positive, vous fait du bien et vous apporte donc la paix, la cohésion sociale et elle a pour fondement l'amour. Exemple de croyance positive: les hommes sont bons. Il faut que votre croyance soit équilibrée, qu'elle fasse preuve de réalisme, c'est-à-dire qu'elle tienne compte des faits liés à vos expériences, à votre passé. Exemple de croyances réalistes : les hommes sont bons mais le manifestent de différentes manières. Au lieu de rejeter les croyances qui selon nous ne sont pas bonnes, nous devons les corriger, les ajuster.

Confrontez vos croyances aux lois et préceptes divins

Il y a des vérités qui sont indiscutables, qu'on ne peut prouver et sur lesquelles nous sommes tous unanimes. Ce sont les lois et préceptes divins. Ce sont des principes qui gouvernent le monde et par lesquels il a été créé ; et violer ces lois et préceptes conduit à l'échec. Confrontez vos croyances à la lumière des lois et préceptes divins. Vous vous les approprierez plus facilement en les acceptant comme étant indiscutables et en les méditant.

Mettez à jour vos croyances

Il y a des connaissances qui sont valables pour un temps et qui, ensuite, ne le sont plus. C'est pourquoi, vous ne devez pas être rigide en ce qui concerne certaines croyances. Vous devez actualiser constamment vos croyances. Ce qui ressemble à des briques que l'on monte les unes après les autres.

Allez au-delà de vos croyances

Intéressez-vous aux choses impossibles. En le faisant, vous irez au-delà de vos croyances et alors elles changeront ; mieux, elles grandiront.

Les mauvaises compagnies corrompent vos croyances

A force de se dire des mensonges ou de se faire des mauvaises blagues, on développe de mauvaises croyances qu'on a du mal à distinguer comme étant mauvaises.

Interrogez-vous sur vos croyances

Remettez vos croyances en question en vous demandant la raison pour laquelle vous pensez ainsi. Si vous arrivez à y répondre, c'est parfait ; car il y a des croyances que nous avons, qui nous viennent de notre environnement, sans que nous ne sachions pourquoi nous les avons. L'histoire suivante illustre parfaitement le fait que nous héritons de notre environnement des croyances que nous ne pouvons pas justifier.

« Pour les besoins d'une expérience portant sur la culture organisationnelle, un groupe de scientifiques plaça cinq singes dans une cage. Au milieu de la cage se trouvait une échelle sur laquelle se trouvait un régime de bananes.

À chaque fois qu'un singe montait sur l'échelle, les chercheurs arrosaient les singes restants d'eau froide. Ainsi, après un temps d'adaptation, à chaque fois qu'un singe essayait de monter l'échelle, les autres le frappaient. Il s'en est suivi qu'aucun singe n'osa plus aller chercher les bananes.

Les chercheurs remplacèrent un des singes par un nouveau singe. Dès que celui-ci tenta de monter l'échelle, il était battu par les siens et apprenait à ne plus le faire. Lorsque les scientifiques remplacèrent un autre des anciens singes par un nouveau, ce dernier fut roué de coups.

Au final, tous les anciens singes furent remplacés par de nouveaux. Aucun de ceux-ci n'a jamais reçu de douche froide. Pourtant, lorsque l'un d'eux tente de monter sur l'échelle, il est attaqué par les autres. » Que répondront-ils si on leur demande pourquoi ils agissent ainsi ? Ils diront certainement : Je ne sais pas ; ça a toujours été comme ça.

Renforcez vos croyances

Le but des épreuves dans la vie est de nous amener à évaluer notre niveau de foi, à déceler nos véritables croyances ; pas celles que nous disons avoir, mais celles qui sont marquées par un fer rouge au-dedans de nous, et aussi de les faire croître.

Pour renforcer vos croyances, vous devez les identifier et ensuite agir selon elles pour voir les résultats qui en découlent. Ces résultats pourraient soit les renforcer soit les affaiblir.

Changez de croyances

Par rapport aux croyances que vous avez identifiées et qui se doivent d'être changées, écrivez de manière visible celles qui conviennent. Si par exemple vous pensiez que l'amour n'existe pas, vous pourriez écrire à présent : Je crois en l'amour et j'ai hâte de l'expérimenter. Ne vous arrêtez pas d'écrire les croyances que vous voulez avoir. Vous devez aussi les déclarer intentionnellement à des heures précises de la journée, de préférence avant de vous coucher et dès votre réveil.

Aussi, consolidez la nouvelle croyance que vous voulez intégrer en vous en agissant conformément selon elle et elle s'enracinera en vous.

CHAPITRE 11

DÉVELOPPER SON CARACTÈRE

Les traits de caractère peuvent être regroupés en deux catégories à savoir : les qualités et les défauts. Notre tâche consistera à développer ces qualités et à transformer ces défauts en forces. Bien avant de le faire, il vous faudrait d'abord identifier vos qualités (forces) et vos défauts (faiblesses). Pour cela, vous êtes invité à répondre aux questions suivantes :

1- Identification de vos qualités et défauts

a- Quelles sont les 10 qualités que vous vous connaissez ?

1--

2--

3---

4---

5---

6---

7---

8---

9---

10---

b- Quelles sont les 10 défauts que vous vous connaissez?

1---

2---

3---

4---

5---

6---

7---

8---

9---

10---

Vous pouvez également solliciter l'avis des personnes qui vous sont proches en leur demandant quelles sont selon elles vos qualités et défauts. Bien avant de considérer les éléments qu'elles vous apporteront, veillez à les analyser.

Demandez-leur pourquoi elles trouvent que vous avez telles qualités et tels défauts; analysez leurs réponses et voyez si elles sont justes, si elles ne viennent pas des préjugés, des mauvaises perceptions ou de malentendus. Voyez si elles sont fondées sur la vérité des choses passées.

Ci-dessous se trouve une liste non exhaustive de qualités et de défauts que vous pouvez utiliser pour faire votre évaluation personnelle. Vous pouvez utiliser les qualités et défauts que vous aurez identifiés dans cette liste comme étant les vôtres, pour répondre à la question ci-dessus.

LISTE DES QUALITÉS

1. Abordable
2. Actif : qui est porté vers l'action
3. Affirmatif : qui s'affirme
4. Aimable
5. Ambitieux
6. Amical

7. Brave
8. Calme
9. Confiant
10. Convaincant
11. Créatif
11. Critique
12. Cultivé
13. Direct
14. Discipliné
15. Discret
16. Économe
17. Édifiant
18. Enthousiaste
19. Entreprenant
20. Ferme
21. Fidèle
22. Fin : qui fait preuve de finesse
23. Intuitif : qui a une intuition poussée
24. Juste
25. Leader
26. Logique
27. Méthodique
28. Observateur
29. Optimiste
30. Ordonné
31. Ouvert d'esprit
32. Patient
33. Persévérant
34. Ponctuel
35. Prudent
36. Responsable

37. Rêveur
38. Travailleur

LISTE DES DÉFAUTS

1. Anxieux
2. Arrogant
3. Borné
4. Coléreux
5. Complexé
6. Défaitiste
7. Égocentrique
8. Égoïste
9. Émotif
10. Hypocrite
11. Impatient
12. Influençable
13. Jaloux
14. Médiocre
15. Médisant
16. Méfiant
17. Menteur
18. Négligent
19. Orgueilleux
20. Paresseux
21. Passif
22. Peureux
23. Plaintif
24. Rancunier
25. Solitaire
26. Stressé

27. Timide
28. Triste

2- Changez vos défauts en forces

Vous devez réaliser sans forcément le vivre le fait que les défauts (faiblesses) vous conduisent à l'échec et à la mort. C'est pourquoi vous devez sérieusement vous pencher dessus et les changer. Pour ce faire, efforcez-vous de faire le contraire de ce que vos mauvaises habitudes vous demandent de faire.

Si par exemple vous êtes « têtu », c'est-à-dire que vous n'en faites qu'à votre tête, et voulez changer cela, vous allez vous efforcer, sur une certaine durée (qui peut être de 21 jours ou plus, cela dépendra de votre marge de progrès), d' « accepter » tout ce que l'on vous demandera de faire. Acceptez de faire tout ce qui est positif, appréciable ; même si cela peut nuire à vos intérêts immédiats.

Ainsi vous prendrez l'habitude d'accepter avec modération ce que l'on vous demande de faire et vous n'en ferez plus à votre tête.

Demandez-vous quelles actions concrètes vous pouvez poser pour changer un défaut quelconque. En considérant toujours notre exemple, vous pouvez entre autres vous mettre en apprentissage chez quelqu'un dont vous suivrez les instructions et qui vous observera pendant que vous reproduirez ce qu'il vous enseignera. En cette période, il sera judicieux de vous éloigner des personnes ou des milieux qui consolident ce défaut en vous, et de vous rapprocher des personnes qui en expriment l'opposé.

Si par exemple vous avez dans votre milieu des personnes critiques, avec lesquelles vous avez l'habitude de faire des critiques, vous devriez vous éloigner de ce milieu et fréquenter le genre de milieu où les personnes sont célébrées pour ce qu'elles sont et non pour ce qu'elles font.

Vous pouvez aussi, par exemple, lire des livres qui traitent de ce défaut en particulier. Selon vous, quelles actions concrètes, en plus de ce qui vous est proposé, vous aideraient à changer un quelconque défaut ?

Suivez le même processus pour chacun des défauts que vous aurez identifiés.

Il est conseillé de ne traiter qu'un défaut à la fois. Concentrez-vous sur l'un et lorsqu'il est corrigé, passez à un autre.

Trois mois plus tard, vous pourrez revoir vos proches et leur demander s'ils pensent que vous avez toujours les mêmes défauts qu'ils vous avaient fait connaître et que vous vous êtes évertué à corriger.

3- Développez vos qualités

Les qualités ne sont pas un acquis. Si vous ne les développez pas, vous les perdrez lorsque les épreuves viendront. Ce que vous avez à faire pour les développer serait de les exercer « en toute conscience » dans la vie et les expériences de tous les jours. Si vous avez l'habitude de n'encourager les gens que quand ils font bien un travail, fixez-vous comme objectif de les encourager aussi à faire mieux quand ils font mal. Il s'agit ici d'en faire plus que d'habitude.

Concentrez-vous sur une seule qualité à la fois

Demandez-vous quelles actions concrètes vous pouvez poser pour développer une qualité donnée. A titre d'actions concrètes, vous pouvez par exemple vous rapprocher, durant la période où vous voulez consolider une qualité en vous, des personnes qui partagent cette même qualité que vous.

Que pensez-vous que vous puissiez faire d'autre pour développer vos qualités ? Vous pouvez par exemple lire des livres qui traitent du sujet. Évertuez-vous à trouver des actions concrètes à poser pour développer vos qualités et posez-les réellement.

Quelques temps après, faites attention aux résultats que vous avez dans votre travail, dans votre relation avec les autres et vous réaliserez votre progression.

Chapitre 12

REJOINDRE LE RANG DES ESPRITS SUPÉRIEURS

Ce point est le plus important d'entre tous. Il est très souvent inconnu et caché au monde. Si vous vous y accordez, votre être connaîtra dans l'immédiat un très grand changement.

Au commencement, Dieu créa l'homme à Son image et selon Sa ressemblance.[1] En le créant, Il a mis en lui son emblème qu'est Son Esprit. Tout se passait bien dans le jardin jusqu'à ce que le serpent ne vienne proposer à Eve, la femme, de manger le fruit de l'arbre de la connaissance du bien et du mal que Dieu avait défendu à l'homme de consommer.[2] Elle le mangea et en donna aussi à l'homme.

L'homme a désobéi à Dieu lorsqu'il consomma ce fruit défendu. La Bible dit : « *Vous devenez esclaves de celui à qui vous obéissez.* »[3] Autrement dit, l'homme s'est fait esclave du serpent en lui obéissant. Dans le monde spirituel, il s'est fait une transaction. Celle-ci traduisait le fait que l'homme a cédé ses avoirs et le droit de régner sur lui au malin.

Ainsi, l'homme a changé de père ou du moins, il a adopté un tuteur. Cela a été scellé par une alliance où l'esprit du malin a fusionné avec celui de l'homme. L'emblème original de Dieu en l'homme a été remplacé par celui du malin.

Quand l'homme a désobéi à Dieu, il a contracté le péché, qui est spirituel, et dont la semence est venue se greffer à son esprit. Physiquement, l'homme a consommé le fruit de l'arbre de la connaissance du bien et du mal ; mais spirituellement, il a fait place dans son esprit au péché, en consommant ce fruit.

Nous étions tous contenus en Adam quand il a consommé ce fruit, et il nous a tous infectés de cette semence. Pendant qu'il en mangeait, c'était toute l'humanité, contenue en lui, qui consommait de ce fruit.[4] C'est alors que tous les hommes ont péché et ont été privés de la gloire de Dieu.[5] Or, Il n'y a pas de gloire de Dieu sans l'Esprit de Dieu. L'Esprit de Dieu est la gloire de Dieu.[6]

En mangeant ce fruit, Adam a péché et tout ce qu'il portait en lui (dont l'humanité) et lui-même se sont séparés de l'Esprit de Dieu. Ce qui donne la vie au corps de l'homme, c'est l'oxygène. Ce qui donne la vie à l'âme de l'homme, c'est le souffle de vie, et ce qui donne la vie à l'esprit de l'homme, c'est l'Esprit de Dieu. Séparé de cette vie, l'esprit de l'homme suffoque ; ce qui entraîne la mort. C'est pourquoi, il est dit que : « *Le salaire du péché, c'est la mort.* »[7] Il s'agit là de la mort de l'esprit de l'homme.

Il faut, pour faire revenir l'Esprit de Dieu en l'homme, chasser l'esprit qui y a pris sa place. Pour cela, il faut effacer toute trace de péché en l'homme. Il faut purger l'esprit de l'homme, laver son vase, pour en enlever le péché. Qu'est ce qui sur terre est saint et pourrait laver l'homme de l'intérieur? Rien ! A la désobéissance de l'homme, la nature de tout ce qui se trouvait sur la terre a été pervertie par le mal, parce que la terre a été maudite avec tout ce qu'elle renfermait. Ce qui devrait donc servir à purifier l'homme ne devrait avoir aucune origine humaine ou terrestre. Cela devrait venir du ciel, de là-haut.

Le sang sert à faire des alliances avec les esprits. C'est pourquoi, il est utilisé dans les rituels. Quand vous offrez le sang d'un animal à un fétiche, vous entrez en communion avec l'esprit caché derrière ce fétiche. Pour entrer en communion à nouveau avec l'Esprit de Dieu, il faut que l'homme présente à Dieu un sacrifice de sang, un sang sans péché, qui vient du ciel.

C'est pourquoi Dieu, pour nettoyer l'humanité de ses péchés, a décidé d'envoyer Son Fils Jésus-Christ, qu'Il a fait naître de la Vierge Marie, sans l'apport de la semence de Joseph afin qu'il soit pur et sans péché. Peu de temps après avoir impacté les hommes, Il devait accomplir l'œuvre ultime de Sa venue sur terre. C'est pourquoi Il a été injustement crucifié sans avoir commis de péché durant son séjour terrestre. Sa crucifixion était identique à celle d'un agneau qui a été immolé pour un sacrifice. Ainsi, Dieu a offert pour la purification de l'homme Son sang et Son corps. C'est pourquoi, il est dit : « *Voici l'agneau de Dieu qui ôte le péché du monde.* »[8]

Tout comme Adam a décidé de son propre chef de manger le fruit, chaque homme doit décider de manger le corps et boire le sang de Jésus-Christ en disant oui à Dieu pour Son sacrifice par Jésus-Christ. C'est alors que, lorsque l'homme décide de croire en cette œuvre qui a été faite pour son salut et de la déclarer, le Sang de Jésus-Christ vient laver son vase de tout péché.

Ce n'est qu'après cela que l'Esprit de Dieu vient à nouveau s'installer en l'homme. Ainsi, l'homme redevient tel que Dieu l'a créé et est épargné du châtiment et de la malédiction. Il devient alors une nouvelle créature.[9] Ainsi, il est régénéré, débarrassé des semences corruptibles qui étaient dans son esprit.

Si vous voulez redevenir tel que Dieu vous a créé, je vous invite à répéter avec foi les paroles suivantes : Seigneur Jésus, je te remercie de cette grâce que tu m'as faite en mourant injustement pour moi sur la croix. Je te demande sincèrement pardon pour mes péchés et ceux de mes parents. Je demande que tu viennes me laver de toutes souillures. Rends-moi aussi pur que l'or et aussi blanc que la neige. Je fais de Toi Jésus-Christ le Seigneur et Sauveur de ma vie. Viens habiter en moi maintenant par Ton Esprit. Amen !

Laissez-moi prier pour vous : Seigneur je te rends grâce d'avoir appelé mon frère/ma sœur au travers de cet ouvrage. Je te bénis pour la prédisposition de cœur que tu lui as donnée, afin qu'il/elle vienne se repentir devant toi.

Merci pour le pardon de ses péchés et la restauration complète de sa vie. Crée en lui/elle dès à présent un cœur pur et renouvelle en lui/elle un esprit bien disposé. Amen !

Je tiens personnellement à vous féliciter pour cette démarche de foi que vous avez suivie. Vous n'êtes plus la même personne. Bienvenue à la vie !

CONCLUSION

En somme, pour retrouver l'image de Dieu qu'il a perdue et redevenir un être divin tel qu'il a été originellement créé, l'homme est invité, tout comme cela a été le cas pour le peuple d'Israël, à passer par le feu purificateur du désert. C'est en le faisant qu'il renaît de ses cendres.

L'homme étant le produit de ce qu'il pense, il faut, pour le voir redevenir tel qu'il était originellement, lui faire adopter, au détriment de ses pensées habituelles, de nouvelles pensées, à savoir les pensées divines afin qu'il puisse penser comme Dieu pense et soit véritablement à l'image de son créateur.

C'est ce à quoi sert le désert. Il fait vivre à l'homme des périodes de sècheresse et des temps de souffrance irréguliers afin de changer sa perception du monde, et le pousser vers

Dieu. C'est alors qu'il devient à l'image de Dieu. Le désert n'est pas un lieu où l'homme est appelé à vivre éternellement. Il ouvre sur une nouvelle terre que l'on appelle Canaan, le nouvel Eden, où coulent le lait et le miel en abondance, où nous régnons et sommes en possession des promesses divines.

De même qu'Adam et sa compagne Eve ont été chassés du jardin d'Eden pour avoir été dénaturés par le mal, il faut à l'homme, pour revenir à ce jardin, redevenir tel qu'il a été créé à l'origine et laisser à l'extérieur de ce jardin, c'est-à-dire dans le désert, sa vieille nature.

ÉPILOGUE

Un auteur est comme une source d'eau qui ne tarit jamais. Il aura toujours quelque chose à ajouter à ce qu'il a écrit. Mais puisque toute chose qui commence doit avoir une fin, je vais m'arrêter ici. Je reste convaincu que pour ceux qui le souhaitent vraiment, nos chemins ne s'arrêteront pas ici. En mettant continuellement en pratique les notions contenues dans ce livre, nous continuerons d'entretenir ce lien que nous avons tissé.

Le cœur d'un livre se remet à battre toutes les nouvelles fois où il est relu. Je vous invite donc à le lire encore et encore. Pour cela, je vous propose la fréquence de lecture suivante : une première lecture pour vous faire une idée générale du livre.

Une deuxième lecture pour aller en profondeur et saisir clairement certaines nuances et non-dits et une troisième lecture qui vous permettra de marquer en vous, de manière indélébile, les principes partagés dans ce livre. Ce serait alors que vous penserez et agirez conformément aux enseignements qui y sont véhiculés.

Ce livre s'achève ici mais, pour vous, ce n'est pas une fin mais le début d'une nouvelle histoire. Vous vivrez en mettant en application les recommandations qui y sont faites, des expériences incroyables, desquelles vous pourrez tirer de nouvelles leçons, encore plus grandes que celles enseignées par l'auteur. Vous êtes appelé à vivre des expériences plus grandes que celles qui vous sont racontées dans l'ouvrage et c'est en vous laissant inspirer par ces dernières que vous pourrez les maximiser comme si vous les aviez personnellement vécues.

Il y a, en matière de réussite, un élément très important qui détermine votre niveau de succès. C'est votre niveau d'enseignabilité. C'est la soif que vous avez d'apprendre. Elle peut être mesurée par la prédisposition que vous avez à passer du temps sur les choses que vous connaissez déjà. C'est en le faisant que vous acquérez la maitrise de ces choses-là. C'est en le faisant qu'on passe du savoir à la connaissance. Le savoir peut être oublié mais la connaissance, quant à elle, est marquée à jamais en nous.

La maîtrise s'obtient également en partageant ce que nous savons. Nous avons parfois la peur de partager avec les autres ce que nous savons parce que nous nous disons qu'en le faisant, ils viendraient au même niveau de connaissance que nous. La vérité est que celui qui partage, qui donne, aura toujours la main au-dessus de celui qui reçoit ; c'est en partageant que nous grandissons. Vous ne pouvez pas être au même niveau que les personnes avec qui vous partagez une connaissance. Je vous exhorte donc à partager autour de vous les leçons contenues dans cet ouvrage.

Je vous recommande, pour maximiser votre lecture, de vous procurer un cahier dans lequel vous écrirez les passages importants que vous avez soulignés dans le livre et les idées que cela vous a inspirées. Notez-y les différentes choses qui vous sont recommandées et faites un plan d'actions pour les mettre en pratique.

NOTES DE RÉFÉRENCE

Introduction

[1] Exode 5 :1

[2] 1 Corinthiens 15:42-49

[3] 1 Corinthiens 15:42-48

[4] Genèse 1 :27-28

[5] Galates 5 :22

[6] Jean 5 :19

Chapitre 1 : Gagner le combat des pensées

[1] 1 Rois 3 : 16-27

[2] Philippiens 4 :8

Chapitre 2 : Révolutionner ses paroles

[1] Genèse 11 : 1-9

[2] Jean 1 :3

[3] Romains 10 :8

Chapitre 3 : Initiation au bonheur

[1] Philippiens 4:18

[2] Matthieu 14 :15-21

[3] Philippiens 4 :6

[4] Jérémie 17 :5

[5] Deutéronome 4 :24

[6] Philippiens 4 :9

[7] Philippiens 4 :11-12

[8] Psaumes 62 :11

Chapitre 4 : Pardonner l'impardonnable

[1] Luc 23 :34
[2] Matthieu 16 :23
[3] Luc 22 :3
[4] Ephésiens 4 :26
[5] Matthieu 6 :12
[6] Matthieu 18 :23-35
[7] Marc 11 :25

Chapitre 5 : Dominer sur la colère

[1] Genèse 4 : 6-7
[2] Proverbes 6 : 34
[3] Genèse 2 :24
[4] Matthieu 19 :19
[5] 1 Samuel 18 :8
[6] Ecclésiaste 7 : 7-9
[7] Ecclésiaste 7 :7
[8] Ephésiens 4 : 26
[9] Genèse 4 : 6-7
[10] Ecclésiaste 7 : 9
[11] Psaumes 37 :8
[12] Genèse 31 : 36
[13] Proverbes 19 : 11
[14] 2 Samuel 13 : 19-21

[15] Matthieu 22:37-39
[16] Jean 21:16
[17] Proverbes 15 :18
[18] Proverbes 15 :1

Chapitre 6 : Dompter la peur

[1] Matthieu 17 :20
[2] 1 Thessaloniciens 5 :23
[3] Jérémie 31 :3 ; Ephésiens 2 :7 ; Ephésiens 3 :19 ; Esaïe 54 :8
[4] Galates 5 :22
[5] Hébreux 13 :1
[6] Marc 6 :4
[7] Matthieu 14 :32
[8] Matthieu 8 : 26
[9] Romains 10 :17
[10] Psaumes 23 :1
[11] 1 Samuel 17 :34

Chapitre 7 : De l'inquiétude à la sérénité

[1] Philippiens 3 :13
[2] Colossiens 3 :2
[3] Matthieu 14 :29
[4] Luc 12 :32-33
[5] Exode 4:2-3
[6] 1 Corinthiens 7 :29-32
[7] Proverbes 12 : 25
[8] Matthieu 6 : 27
[9] Matthieu 6 :28-30
[10] 1 Rois 17 :10-16
[11] Genèse 17 :1-4
[12] Deutéronome 10 :17
[13] Hébreux 13 :8
[14] Matthieu 6 :34

[15] Luc 12 : 22-23
[16] Luc 12 :34
[17] Romains 12 :15

Chapitre 8 : Vaincre le découragement

[1] Jean 16 : 33
[2] Ecclésiaste 4 : 9-10

Chapitre 9 : Aller au-delà de ses croyances

[1] Matthieu 22 :14
[2] 1 Pierre 5 :8
[3] Genèse 3 :14
[4] Ephésiens 1 :21

Chapitre 10 : Rejoindre le rang des esprits supérieurs

[1] Genèse 1 : 26
[2] Genèse 3 : 50
[3] Romains 6 : 16
[4] Romains 5 : 12
[5] Romains 3 : 23
[6] 1 Pierre 4 :14
[7] Romains 6 : 23
[8] Jean 1 : 29
[9] 2 Corinthiens 5 : 17

BIBLIOGRAPHIE

1) Covey, Steven R. *Priorité aux priorités : S'organiser, gérer son temps et atteindre ses objectifs*, J'ai lu. 2015. (541 p.)

2) Emerson, Ralph W. *La confiance en soi, et autres essais*, Rivages, 2018. (202 p.)

3) Gibran, Khalil. *Le Prophète*, Librio, 2017. (86 p.)

4) Hill, Napoleon. *Réfléchissez et devenez riche*, J'ai lu, 2011. (222 p.)

5) Hill, Napoleon. & Stone, Clement. *Le succès par la pensée constructive*, J'ai lu, 2007. (352 p.)

6) James, William. *La théorie de l'émotion*, L'harmattan, 2006. (168 p.)

7) Lawrence, Thomas E. *Les sept piliers de la sagesse*, Gallimard, 1992. (943 p.)

8) Littauer, Florence. *Personnalité Plus : Découvrez votre profil de personnalité à l'aide d'un test*. Un monde différent, 2016. (287 p.)

9) Mckenna, Paul. *Changez de vie en 7 jours*, Marabout, 2007. (214 p.)

10) Peale, Norman Vincent. *La puissance de la pensée positive : Des méthodes simples et efficaces pour réussir votre vie*, Marabout, 2013. (258 p.)

TABLE DES MATIÈRES

Printed in Great Britain
by Amazon

61852272R00135